U0085358

為什麼天是藍的？

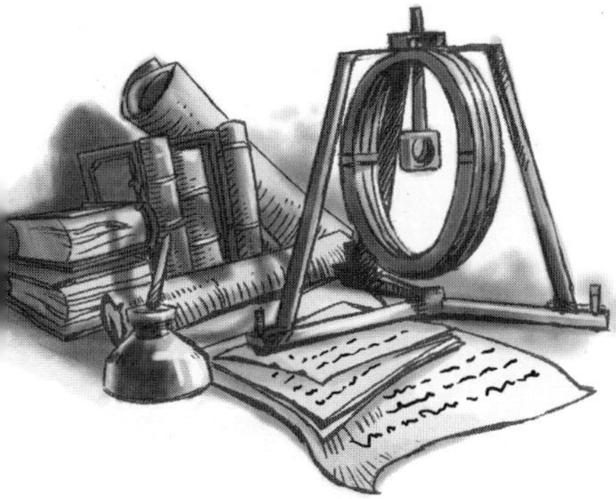

麥克斯韋

沈良璣
劉 緯 著

三民書局

獻給孩子們的禮物

世界上最幸福的孩子，是他們一出生就有機會接近故事書，想想看，那些書中的人物，不論古今中外都來到了眼前，與他們相識，不僅分享了各個人物生活中的點滴，孩子們的想像力也隨著書中的故事情節飛翔。

不論世界如何演變，科技如何發達，孩子一世幸福的起源，仍然來自於父母的影響，如果每一個孩子都能從小在父母親的懷抱中，傾聽故事，共享閱讀之樂，長大後養成了閱讀習慣，這將是一生中享用不盡的財富。

三民書局的劉振強董事長，想必也是一位深信讀書是人生最大財富的人，在讀書人口往下滑落的多元化時代，他仍然堅信讀書的重要，近年來，更不計成本，連續出版了特別為孩子們策劃的兒童文學叢書，從「文學家」、「藝術家」、「音樂家」、「影響世界的人」系列到「童話小天地」、「第一次」系列，至今已出版了近百本，這僅是由筆者主編出版的部分叢書而已，若包括其他兒童詩集及套書，三民書局已出版不下千百種的兒童讀物。

劉董事長也時常感念著，在他困苦貧窮的青少年時期，是書使他堅強向上，在社會普遍困苦，而生活簡陋的年代，也是書成了他最好的良伴，他希望在他的有生之年，分享這份資產，讓下一代可以充分使用，讓親子共讀的親情，源遠流長。

「世紀人物 100」系列早就在他的關切中構思著，希望能出版孩子們喜歡而且一生難忘的好書。近年來筆者放下一切寫作，接下這份主編重任，並結合海內外有心兒童文學的作者共同為下一代效力，正是感動於劉董事長致力文化大業的真誠之心，更欣喜許多志同道合的朋友，能與我一起為孩子們寫書。

「世紀人物 100」系列規劃出版一百位人物故事，中外各占五十人，包括了在歷史上有關文學、藝術、人文、政治與科學等各行各業有貢獻的人物故事，邀請國內外兒童文學領域專業的學者、作家同心協力編寫，費時多年，分梯次出版。在越來越多元化的世界中，每個人都有各自的才華與潛力，每個朝代也都有其可歌可泣的故事，但是在故事背後所具有的一個共同點，就是每個傳主在困苦中不屈不撓，令人難忘的經歷，這些經歷經由各作者用心博覽有關資料，再三推敲求證，再以文學之筆，寫出了有趣而感人的故事。

西諺有云：「世界因有各式各樣不同的人群，才更加多采多姿。」這套書就是以「人」的故事為主旨，不刻意美化傳主，以每一位傳主的生活經歷為主軸，深入描寫他們成長的環境、家庭教育與童年生活，深入探索是什麼因素造成了他們與眾不同？是什麼力量驅動了他們鍥而不捨的毅力？以日常生活中的小故事，來描繪出這些人物，為什麼能使夢想成真。為了引起小讀者的興趣，特別著重在各傳主的童年生活描述，希望能引起共鳴。尤其在閱讀這些作品時，能於心領神會中得到靈感。

和一般從外文翻譯出來的偉人傳記所不同的是，此套書的特色是，由熟悉兒童文學又關心教育的作者用心收集資料，用有趣的故事，融入知識，並以文學之筆，深入淺出寫出適合小朋友與大朋友閱讀的人物傳記。在探討每位人物的內在心理因素之餘，也希望讀者從閱讀中，能激勵出個人內在的潛力和夢想。我相信每個孩子在年少時都會發呆做夢，在他們發呆和做夢的同時，書是他們最私密的好友，在閱讀中，沒有批判和譏諷，卻可隨書中的主人翁，海闊天空一起遨遊，或狂想或計畫，而成為心靈知交，不僅留下年少時，從閱讀中得到的神交良伴（一個回憶），如果能兩代共讀，讀後一起討論，綿綿相傳，留下共同回憶，何嘗不是一幅幸福的親子圖？

2006 年，我們升格成為祖字輩，有一位朋友提了滿滿兩袋的童書相送，一袋給新科父母，一袋給我們。老友是美國國家科學院院士，曾擔任過全美閱讀評估諮議委員，也是一位慈愛的好爺爺，深信閱讀對人生的重要。他很感性的說：「不要以為娃娃聽不懂故事，我的孫兒們一出生就聽我們唸故事書，長大後不僅愛讀書而且想像力豐富，尤其是文字表達能力特別強。」我完全同意，並欣然接受那兩袋最珍貴的禮物。

因為我們同樣都是愛讀書、也深得讀書之樂的人。

謹以此套「世紀人物 100」叢書送給所有愛讀書的孩子和家庭，以及我們的孫兒——石開文，他們都是世界上最幸福的孩子，因為從小有書為伴，與愛同行。

天下著雨，我們能看見絲絲的細雨，走在雨中，我們能感覺到打在臉上的雨點和潤溼頭髮的水珠。沙灘上吹來海風，我們可以聽到風聲，走到風裡，風會飄起我們的衣裳。這些風風和雨雨，我們可以感覺到、看得見、聽得著，但是你知不知道，在我們生活的世界中，除了空氣以外，還有一樣看不到、聽不見也摸不著的東西，但它卻是非常重要，絕對不能缺少，地球上的生命就靠它來維持，那是什麼呢？那就是電磁波。

電磁波在室內戶外，無所不在，有的是自然界產生的，許多自然現象都和它有關，像天為什麼是藍的，下雨後天上為什麼有彩虹，是誰給大地帶來了這樣繽紛的彩色？有的電磁波是人為產生的，許多先進的探測及通訊工具，像雷達、衛星通訊；醫學儀器，如 X 光機、核磁共振成像儀，以及日常用品中的手機、電視、微波爐、遙控器等等，給人類帶來了多少方便和希望。

在這本書裡，我們要介紹電磁學的鼻祖——麥克斯韋的生平，他可能

不是個家喻戶曉的人物，但是如果讓物理學家來投票的話，他一定被會推選為繼牛頓之後，影響力最大的科學家，愛因斯坦也這樣推崇他。牛頓發現了「萬有引力」的定律；麥克斯韋把「電磁波」性質歸納在一套公式裡；愛因斯坦提出「相對論」，這三位科學巨人，都對發掘大自然基礎法則，先後作出了極大的貢獻。

麥克斯韋不是一位發明家，但他在電磁波還沒有被發現之前，就預測了有「電磁波」這個東西，十幾年後，一位科學家赫茲利用麥克斯韋的理論，證實了電磁波的存在，給後來的物理學家及發明家無限的想像空間，對他們研究和發展的方向起了帶頭的作用，因此導引出許多日新月異的電子產品，同時也帶動了相關學術的深入研究，把我們帶進了電子時代。

作者夫婦都致力於科學教育，一個是美國大學教授，用他自己寫的書，教了一輩子的電磁學，也在「用電磁波探測石油」領域中，做了三、四十年的研究。另一個是高中理化教師，在美國教了十幾年書，創立海外中文學校，在報紙、電視、電臺主持與青少年朋友有關的節目，內容包括了童書閱讀的推介。不用說，兩人對科學及教育都非常熱心。

接到邀請寫這本書時，我們當然欣然接受，但是隨即覺得這個計劃極有挑戰性，因為我們所要介紹的麥克斯韋，生平事蹟沒有曲折的情節，也沒有離奇的遭遇，他的那本《電磁通論》，當時甚至沒有人相信，直到他死後才被證實。他的理論影響深遠，可以說是影響全人類，我們介紹他的生平和成就，就必須要介紹他的方程組，而這個方程組，是用大專程度的高等微積分，叫做「偏微分」來表達的，怎麼樣把這些深奧的數學語言，用小讀者能看得懂的文字，說清楚、講明白呢？

我們的原則是，把麥克斯韋的生平事蹟趣味化，談到數學及科學時，盡量用淺顯而又正確的文字，來細說這位偉大科學家所發現的四個方程式的內容，也用同樣方式，來討論從這些方程式，所衍生出來的物理觀念，用來解說一些我們常見到的自然電磁現象，以及日常電子用品的工作原理。我們朝著這個原則努力，雖然經過多次的修改，恐怕仍有一些地方未盡人意，還得請諸位讀者指教。我們內心的期望，就是希望這本書，不但能夠讓讀者瞭解麥克斯韋的生平，以及電磁波的重要性，更重要的是，能喚起讀者對科學的興趣，培養出科學精神。

中國人有一句老話，任何一件成功的事，都得靠著「天時、地利、人和」。麥克斯韋是英國人，讀者一定想要知道，在那個時期的英國是怎麼樣的

狀況；他出生成長的時期，英國科技發展到什麼程度，當時社會是什麼情形，他們政治採什麼制度？當然，讀者更要瞭解怎麼樣的家庭背景和環境，才能孕育出這麼一位偉大的科學家。在這本書中，我們就先從這幾個角度開始，介紹這位 19 世紀的偉人。

寫書的人

沈良璣

1957 年臺灣大專聯考榜首，臺灣大學電機系學士，美國哈佛大學應用物理博士，休斯頓大學電機系教授，曾擔任該校該系系主任，從事電磁學及電磁波測井研究。三十多年來一直獲得科學研究基金會及各大石油公司贊助。著有英文版之《應用電磁學》，被許多大學選用為教科書。曾獲得最佳研究獎以及石油測井學會「技術成就」金質獎章。

劉　緯

臺灣東海大學化學系畢業，後在美國衛斯理學院研究生物化學。曾任美國高中理化教師，創辦中文學校，並擔任該校教師、校長。撰寫《世界周刊》專欄，主持華語電視、電臺節目，談論與新移民、青少年有關事務。曾任「美南寫作協會」會長，現為「海外華文女作家協會」會員。著有《留美青少年教育指南》、《介紹美國之中等教育》、《哈佛的中國母親》等。

為什麼天是藍的？麥克斯韋

目次

麥克斯韋

1831～1879

引言

——為什麼天是藍的？

端午節那天，家裡來了一位客人，爸爸說：「沈伯伯是一位科學家，你有什麼有關自然科學的問題，都可以問他。」

一聽到爸爸這麼說，我立刻提出一個困惑我很久的問題：「沈伯伯，為什麼天是藍色的？」

沈伯伯回答：「你問得真好，但是這個天藍的問題，不是一兩句話就能夠解釋清楚的。等一下我再慢慢講給你聽。」他又說：「你能夠提出這個問題，表示你有好奇心，這是很難得的，你長大後可以做個科學家。」

我聽到沈伯伯的誇獎，感到十分高興，就坐在他旁邊，準備聽他解釋，為什麼天是藍色的？

沈伯伯先喝了一口茶，開口問我：「今天是什麼節日？」

我心裡想，這位沈伯伯一定是一位老師，喜歡考人，便恭恭敬敬的回答道：「今天是端午節。」

「答對了。你知道端午節是紀念誰嗎？」他又問。

「屈原。」

我又答對了。我知道這個故事，便一口氣把屈原的事蹟講出來：屈先生是一位愛國的人，傳說他因為擔憂國家的前途，常常勸諫國王，但是他說的話得不到國王的重視，因為不忍再見到國家繼續衰敗，就跳河自殺了。我們過端午節，就是紀念他。

沈伯伯耐心聽完我的回答，就說：「很好，很好。屈原也是一位文學家，他寫了許多文章，收集在一本叫做《楚辭》的書中，是中國文學的一顆閃亮明珠。」沈伯伯接下來又對我說：「你心中一定奇怪，屈原和天空的顏色有什麼關係，我怎麼扯到《楚辭》上去了？」

我心中正是有這個疑問，沒想到馬上被沈伯伯猜出來，他真厲害，便趕緊承認。於是沈伯伯說：「今天是端午節，恰巧你提出了一個關於自然界的問題，才使我想起了屈原。《楚辭》那本書中，有一篇題目叫做『天問』的文章，文章裡一口氣列了一百七十多個問題，首先提出的二十幾個疑難，都是當時人們對太陽、月亮、地球的瞭解和看法。

「〈天問〉這篇文章裡所用的詞句非常優美，提出的問題也很深刻，特別令人佩服的地方，是在於屈原提出了一百多個問題之後，居然一個答案都不給。」說到這裡，沈伯伯看著我問道：「你想他為什麼不列出答案呢？」

我回答道：「當然是因為他自己不知道答案囉。」

沈伯伯笑了一笑，又說道：

「兩千多年前，人們以為『地』是一個大方塊，『天』有八座大山撐住，使它不會塌下來。天上的太陽、月亮、星星，都圍繞著大地旋轉。像屈原這麼有學問的人，還提出這些疑難，而且問而不答，就表示他既不滿意當時那些說法，也不去亂猜答案，不懂的事就承認不懂，充分表現出他的科學精神。」

講到這裡，他看著我說：「你看到藍天，會想知道天空為什麼是這種顏色，而科學的進步，就是像這樣，先要靠像你和屈原一樣有好奇心的人，有不明白的事就發問，不要假裝懂，接著自然會有人去找到正確的答案。你今天能提出這樣的問題，就表示你有科學天分喔。」

我聽到沈伯伯把我和屈原相比，心中真是高興。沈伯伯見到我歡喜，便開玩笑道：「可不要學屈原因為擔憂國家前途的言論，得不到國王的重視，就去跳河自殺啊！」

我就說：「不會的，不會的，假使我不喜歡那個人，下次選舉時，叫爸媽不投票給他就是了，不會去跳河自殺的，而且我很會游泳呢。」

說到這裡，聽見媽媽在廚房喊道：「粽子已經熟了，快來吃飯吧。」

在飯桌上，沈伯伯當著爸爸媽媽的面，稱讚我說：「你們的孩子很有好奇心，對生活環境也很有觀察力。剛才他問了我一個問題：為什麼天是藍色的？這個問題很好，那麼答案是什麼呢？」

他停下來，轉過頭對我說：「為什麼天是藍色的？夕陽為什麼是紅色的？彩虹為什麼有七種顏色？這些問題，還有許多別的問題，像是：同樣是放在微波爐中加熱，為什麼瓷碗中的粽子熱了，而碗本身不燙？為什麼警察可以用雷達測出你的車子有沒有超速？為什麼磁浮列車可以不碰到地面向前飛駛？為什麼屋頂上的避雷針可以避雷？為什麼電腦中的記憶體能夠記憶？」

沈伯伯越說越興奮，臉都紅了，然後停下來，慢慢的說：「信不信由你，這些問題的答案，都隱藏在四條數學方程式裡！解開那四條數學方程式，就能找到那些問題的答案了。」

我心裡想，哪有這麼神奇的事，不禁問道：「那四條數學方程式叫什麼？又是什麼樣子的呢？」

沈伯伯回答道：「那四條數學式子叫做『麥克斯韋方程組』，是一位英國科學家詹姆士・麥克斯韋建立的，剛才所提出來的藍天等等的自然現象，和電腦等等的用品和儀器，都和電磁場、電磁波有關係，而一切電磁場和電磁波，都老老實實的遵照著『麥克斯韋方程組』運作，我們根據那四條式子，就可以解釋和電磁波有關係的自然現象，也能設計出電磁工具及用品。」

我聽了他這一番話，就更加好奇了，不禁插嘴問道：「電磁波是什麼？『麥克斯韋方程組』又是什麼樣子的？那位麥克斯韋先生怎麼那樣聰明！」

沈伯伯回答：「這個世界充滿了電磁波，它給我們帶來了太陽的能量，現代電子產品都要靠它才能工作。『麥克斯韋方程組』則是四條物理定律，定下電場和磁場間的關係，表達這些關係，要用數學上叫做『偏微分』的方法，可惜要等到上大學的時候，你才會學到那個方法，然後才能充分了解那四條方程式的作用。至於那位麥克斯韋先生，愛因斯坦認為他是繼牛頓之後，影響力最大的科學家。」

我很失望，問道：「要等到我上大學的時候，才能知道天為什麼是藍的嗎？」

沈伯伯笑著回答道：「我剛巧正在寫一本書，是給你們年輕人看的，除了介紹這一位偉大的麥克斯韋生平之外，當然還會提到『麥克斯韋方程組』，我不會在這本書裡講『偏微分』數學，但是我會根據數學計算的結果，講出其中的物理意義，再進一步解釋許多有趣的自然現象，和一些現代電子用品的工作原理。你讀了這本書就會明白：天為什麼是藍的，夕陽為什麼是紅色的了。」

我趕緊問：「那本書叫什麼名字？」

沈伯伯回答道：「本來書名定為『麥克斯韋小傳』，今天和你一談，我想把書名改成『為什麼

天是藍的？』吧。」

我說：「太好了！請趕快寫，我一定會是第一個買您書的人！」

沈伯伯哈哈大笑道：「你不但可以做個科學家，而且是一個天才外交家呢！」

爸爸看到我和沈伯伯聊得這麼投機，就說：「沈兄，你這次隻身從美國回來講學，會停留一、兩個月吧？要不要常常來家裡吃飯，順便給我孩子講講麥克斯韋的故事，你看他迫不及待要聽的樣子！」

我接著說：「我媽媽煮的菜是有名的好吃哦！」

沈伯伯對爸爸說：「大嫂的烹飪好手藝是不在話下，承蒙你的邀請，這樣我不但可以嘗到美味的佳餚，還可以把我的書稿講給你的孩子聽，看看有什麼地方需要補充改進，真是一舉兩得！」

1 誕生的時代背景

沈伯伯第二天依約到我們家來，從今天開始講麥克斯韋的生平故事。

他說：「如果我們要知道一個人的生平，首先要瞭解他成長的時代背景。」然後他問我：「 1831 年詹姆士・麥克斯韋在英國出生，那時在中國是什麼朝代?」

我想了一下說：「是 19 世紀，應該是清朝吧！」

他很欣慰的說：「你的歷史念得真好，那一年是清朝的道光十一年。」

我一聽到「道光」，就脫口說：「鴉片戰爭！」

沈伯伯說：「是的，就在那段時期，英國對中國的侵略行動，除了鴉片戰爭，還有英法聯軍，也就是那時候，列強開始強迫中國簽訂許多不平等條約。」

他看我一臉的氣憤，就換了個語氣說：「那個時候的英國，已經是一個政治穩定、工業化的國家，對英國人來說，那是他們最光輝燦爛的一段歷史。1837 年，英國的國王去世了，國王沒有兒子，王位由他的姪女維多利亞公主繼承。維多利亞公主才十八歲就登基成為女王。」

我舉手問沈伯伯：「維多利亞公主這麼年輕，又是個女孩子，絕對沒有什麼做事的經驗，她怎麼會治理國家呢？」

沈伯伯回答說：「十八歲的維多利亞女王，有一顆努力向上的心，一即位就決定要把國家治理好。她在任上有六十四年，不僅是英國歷史上在位最久的君主，也是英國歷史學家公認最負責、認真、誠實，幾乎是最理想的帝王。英國人民還把她在位的年代

(1837～1901 年），稱譽為『維多利亞時代』。那時的英國，是地球上最富有、最強盛的國家，在世界擁有許多殖民地，全球有四分之一的土地及人口，都在她的控制之下，號稱『日不落之國』。」

聽到這裡，我插了一句：「那時候，小小的英國會這樣富強，是什麼緣故呢？」

沈伯伯回答說：「你問得很有道理。我問你，有沒有聽過『工業革命』這個名詞？」

我說：「這是誰跟誰打仗啊？」

沈伯伯說：「不是打仗，這是一種社會的變更，生活品質的變化，機器取代手工，工業超越了農業，因為變得太快了，歷史學家才稱它為革命。」

我問沈伯伯說：「在當時的中國，也就是在清朝，有工業革命嗎？」

沈伯伯說：「中國的社會在列

強入侵後，是有一些進步和工業化，至於能不能算是工業革命，要你自己來判斷。現在讓我講給你聽，英國工業革命時的種種社會變化。」

我把沈伯伯所講的故事寫成筆記，內容大致是這樣子的：

在工業革命前，人民的生活必需品，全靠人力和畜力生產，男人為養活一個家，下田耕種，日出而作、日入而息；婦女為了家人的衣著，紡紗織布，縫製衣裳，就連穿的鞋子，也是靠手工一針一線做出來的。

為了便利紡紗織布、製作衣裳，科學家發明了紡紗機、縫衣機，使得在工廠中生產的衣服數量大增。供應充裕了，產品的價格就便宜了，因此人人都能買得起，連帶使得百姓的居住環境、生活品質，都有了很大的變化；

人與人之間的交往，從寫信進步到打電報；交通工具從馬車進步到火車，從木製帆船進步到鐵鑄輪船。

英國經過工業革命的洗禮，由以農村為主的農業社會，轉變為以都市為主的工業社會，產生了很多資本家和企業家。這些資本家和企業家，在賺了很多錢之後，成了社會上很有影響力的人物。這種社會變遷，改變了以往皇家統治的情況，使得原來分為貴族、平民的階級社會，慢慢走向講究民主和法治，可說是一種政治的革新。由此可見，工業革命在人類生活進化史上，是一個重要的轉捩點。

看沈伯伯講得那麼起勁，我聽得一楞一楞的，趁他喝茶的空閒，我插嘴問他：「工業革命的原動力是什麼？」

他說：「毫無疑問的，就是科學的發展。」一提到科學，身為科學家的沈伯伯，又興奮的講了下去：

「1684年，牛頓發現『萬有引力』的定律，以精確的理論，解釋各種大自然的現象。譬如，哥白尼、伽利略已提出的『日心說』認為地球是繞著太陽轉的，而不是以前所相信的，太陽繞著地球走，就可以用萬有引力定律再加證明；當然更可以說明，為什麼蘋果會從樹上，垂直掉到地面上。

「這些精確的科學理論，不僅奠定了優良的科學基礎，還帶動了物理學的研究和發展，與機械、電機等工業的蓬勃成長，使科學走向實用的方向。在牛頓之後一百多年（1700年代到1800年初）期間，陸續有許多機器的發明，包括了紡紗機和水力織布機、蒸汽機、

火車、電信電報機等等。在英國的國土上，鐵路和運河像蜘蛛網一樣的密集，大城市之間則可以用電報進行通訊。

「維多利亞時代的英國，文學、科學都在那兒大鳴大放，開花結果。在這段時期造就了許多文學家、科學家和發明家。麥克斯韋六歲的時候，維多利亞時代開始，1879 年去世時，正當維多利亞盛世。我們可以說，麥克斯韋是維多利亞時代培養出來的科學家。」

這時候，媽媽從廚房走出來說：「講累了吧，該歇歇吃飯了，今天我特地做了一樣英國菜：馬鈴薯、胡蘿蔔燉牛肉。」

爸爸說：「英國人喜歡吃馬鈴薯，有一個笑話，講一個剛學英語的人，跟一個英國人吃飯，對他說“English people are like potatoes.”，那個英國人聽了很生氣，你知道他為什麼要生氣嗎？」

我說：「因為那句英文是說英國人像馬鈴薯。」

爸爸說：「你知道正確的說法是什麼嗎？」

我說：「應該是“English people like potatoes.”」

沈伯伯聽了拍手說：「你的英文很棒呀！」

大家就在歡笑聲中結束了第一課。

2 蘇格蘭的書香家族

第二天沈伯伯比較早來到我們家，還帶了一個大紙盒子，爸爸問他說：「你帶了什麼東西來？」

沈伯伯說：「今天我要來講講麥克斯韋的家世背景，他是蘇格蘭人，所以我帶來了一頓蘇格蘭大餐。大嫂，今天妳就不用煮飯了。」

媽媽說：「這怎麼好意思！」

沈伯伯說：「別客氣了！」然後轉過頭來問我說：「你對蘇格蘭這個地方，知道些什麼？」

我聽到有大餐可吃，高興的說：「我最喜歡吃西餐了！對了，我知道蘇格蘭是英國的一部分，是不是呢？」

沈伯伯說：「是的，我們今天所說的英國，本來是四個獨立的國家：蘇格蘭、英格蘭、威爾斯和愛爾蘭＊，1800 年她們合併，組成聯合王國，號稱大英帝國。蘇格蘭，位於英國主島大不列顛島的北部，和英格蘭上下南北為界，面積是全島的三分之一。」

沈伯伯話鋒一轉問我：「你喜歡看偵探小說嗎？」

我說：「當然喜歡！」

沈伯伯說：「那麼當我們一提到蘇格蘭，你一定聽過蘇格蘭警場，對吧？」

我問道：「是啊！蘇格蘭警場是不是在蘇格蘭？」

沈伯伯說：「不是，蘇格蘭警場是英國倫敦市的警察總部。一

放大鏡

＊**愛爾蘭**　不列顛群島之一，於「愛爾蘭獨立戰爭」後，占全島面積達六分之五的疆域獨立於英國的統治，並於 1949 年正式成立「愛爾蘭共和國」；東北部的北愛爾蘭地區雖留在英國的統治下，但主張愛爾蘭應統一的革命派人士，持續進行武裝抗爭，宗教觀點的歧異，更激化了衝突雙方的對立。經過各方人士長期的努力，北愛爾蘭兩大宗教政黨領袖終於達成協定，於 2007 年 5 月 8 日正式成立地方自治聯合政府，攜手將北愛爾蘭帶往和平的未來。

般來說，蘇格蘭警場特別指的是警場中的『罪犯調查中心』。偵探小說的作家們，把這兒的探員都描繪成智勇兼備、無所不能的英雄人物，讓他們揚名世界。」

接著，沈伯伯說：「我們還是言歸正傳，講講麥克斯韋的家世吧。」

詹姆士・麥克斯韋的爸爸名字叫約翰，他和他的祖上世世代代，一直住在蘇格蘭首府——愛丁堡。約翰是一位很棒的律師，他對詹姆士的影響非常大。他是長老會教友，講求實際，特別能幹。家裡的事情，不分大小，他都能料理得很好。不管是修理房屋，打掃庭院，給孩子們製作玩具，甚至裁剪衣服，他樣樣都能勝任。

在那兒，他繼承了祖上的遺產，有份豐厚的收入，即使不去外面找工作，也能過著舒適的生活。但是，喜歡接近大自然的約翰，住在城裡，眼見著生活環境越來越熱鬧，而不再是自己習慣的寧靜，所以在結婚後，決定搬到鄉下格林瑞爾定居。格林瑞爾是在愛丁堡西南方的一個小鎮，座落在翠綠的山谷之中，小河彎彎，湖泊點點，水草相依，景色幽美。在那兒他們有座自己的農莊，也是祖上傳下來的產業。

詹姆士的媽媽也是大家族的女兒，很有教養。雖然詹姆士父母雙方的家世都很好，但他們家中的裝飾卻一如平民家庭，絲毫沒有豪華貴氣，不像其他世家的大宅院，家中走廊掛滿了祖上的畫像，他們家中只掛了一套連袋子的蘇格蘭風笛。

沈伯伯講到這裡，就問我：「你看過風笛嗎？」

我說：「我看過，風笛像一個口袋，有幾個管子從袋子裡伸出來，是蘇格蘭人著名的樂器。」

沈伯伯接著問我：「你知道為什麼麥克斯韋家要把風笛掛在牆上嗎？」

我說：「不知道耶。」

沈伯伯就接著講下去：「原來那袋風笛，是詹姆斯的爺爺曾經用過的樂器，他爺爺曾經在東印度公司擔任過海軍船長。在一次船翻落水的時候，他緊緊抱住那袋風笛，才沒有沉下去，不然說不定就淹死了呢！它真是他們的傳家之寶。」

故事講完了，沈伯伯把帶來的紙盒打開，說：「今天我請大家吃一道蘇格蘭菜，一般說來蘇格蘭人的食物的烹調方式，不是水煮、煙燻，就是燒烤，都非常簡單，比起中國菜來，好像功夫差了點。他們除了喜歡吃自己垂釣所得的鱒魚、青魚和鮭魚以外，還喜歡燉羊肉、烤牛肉、煎牛排和焗羊腿。今天我帶來的是從蘇格蘭空運來的、真空包裝的煙燻鱒魚，當然也少不了蘇格蘭的名產威士忌酒。」

吃完飯，沈伯伯說：「我還帶了一片蘇格蘭藝術季節的 DVD 給你們欣賞。」

原來每年八、九月間，愛丁堡都會舉行一年一度的蘇格蘭藝術季節，這是一場世界聞名的表演盛會。有世界各地的一流文藝團體來演出，吸引了全球的遊客前來觀賞。表演節目當中最精采的，要算是夜間各國的軍樂隊的演出，當然也包括了蘇格蘭本地的特殊風味：一百多位穿著呢裙的風笛手，演奏的曲目都是些音調高昂、富有節奏感的當地風土名曲，風格獨特，令人激賞。

這真是一個愉快的傍晚！

3 好奇的小男孩

沈伯伯今天開始講故事的時候，突然用誇張的語調說：「有一天晚上，在一個農村裡，忽然颳起暴風，雷聲隆隆、電光閃閃，有一個紅色的火團從天而降，落到了一個人家，不久，從這個屋子裡傳出來一陣哭聲，原來是一個重要的人物誕生了。」

沈伯伯問我：「你有沒有聽過這樣的故事？」

我說：「有的，這好像是形容一個帝王、或是什麼神奇人物誕生時的場景。」

沈伯伯說：「對了，這種描述的情節都是小說家編造的。」

我就問沈伯伯：「麥克斯韋這位偉大的科學家誕生的時候，是怎樣的一個情況呢？」

沈伯伯說：「麥克斯韋出生的

時候非常平靜，沒有風、也沒有雨。」

下面是沈伯伯講述麥克斯韋出生的情形：

在英國蘇格蘭區的首府，名叫愛丁堡的大城市，住著一家姓麥克斯韋的人家，1831 年 6 月 13 日那天，這家住宅裡的氣氛緊張萬分，因為女主人懷孕足期，要生產了。那天天氣很熱，男主人約翰・麥克斯韋心情非常焦急，一面在房間外面來回的踱方步，一面用毛巾擦汗。不久，房內傳出一聲聲響亮的嬰兒哭聲，助產士探出頭來說：「恭喜先生，是一位小少爺，母親和小孩的情況都非常好！」聽到這個好消息，大家才鬆了一口氣。他們為這個健康的嬰兒取了名字，叫詹姆士。

約翰和太太法蘭西斯結婚得比較遲，在詹姆士之前，他們曾

經有過一個孩子，但不久這孩子就夭折了，所以他們在這次的懷孕過程中特別小心，處理生產過程時也十分謹慎。因此在懷第二胎時，特地搬到愛丁堡去，希望母親在生產時能得到較多的醫療照顧。詹姆士出生時，父母都不年輕，媽媽都快四十歲了，因此對他這個晚來的兒子格外寵愛，更加倍細心撫育。

我插嘴問沈伯伯：「這位偉大的科學家在小的時候，有沒有顯示出他特別聰明的地方，讓人可以看出他以後偉大的成就呢？」

沈伯伯說：「這倒也沒有，他沒有像司馬光打破水缸，救出孩子的精彩故事，看來他只是一個普普通通的小男孩。」

沈伯伯又說：「不過，他們家裡有一個書房，書架上整整齊齊的排列了許多書，詹姆士小的時候，爸爸媽媽幾乎每天講故事給他聽。他們把一些自己喜愛的小說，用孩子的語氣說出來：『從前有一個什麼，什麼……』小詹姆士最喜歡聽故事，每聽完一個故事，他一定會說：『還要聽，還要聽，請再講一個故事！』後來，他逐漸能夠自己讀書了，媽媽便為他買了一些兒童書籍，書房就成了他最愛去的一個房間。

「詹姆士不看書的時候，他愛跟鄰居的孩子玩，不像你們要去補習。他喜歡翻觔斗、爬樹、到屋後的樹林中去觀賞小動物、飛鳥，他還深深的迷上了小蟲、蠶蛹、石頭、鮮花、鏡片和一些機械器材。他一面玩，一面動腦筋思考，在他小小的腦袋中，充滿了問不完的問題，碰到大人就問：『為什麼？為什麼？』

「在牧場上看到牛群，他會問：『牛為什麼愛吃這麼難吃的牧草？』

「吃早餐時老愛問：『我們為什麼可以喝牛的奶？為什麼吃雞生的蛋？』

「每天早晨他跟著家裡的工人到河邊打水，看著小河裡的水流潺潺，就問：『小河中的水，為什麼老是從這一頭流到那一頭？』

「下雨天，不能出去玩，他趴在窗口向外看，提出了種種疑問：『雨是從哪兒來的？雨停了，太陽出來，為什麼天上就會有彩虹？彩虹有這麼多種顏色是從哪兒來的？』

「天氣晴朗時，他喜歡在草地上打滾，要不就躺在地上看藍天白雲，恐怕在他心中，也有一個不解的疑問：『為什麼天是藍色的？』跟你的問題完全一樣。」

我打斷了沈伯伯的話，說：「我很羨慕詹姆士，他有時間看故事書、到外面去玩，不像我們現在一天到晚做功課，準備升學考試。」

沈伯伯說：「那時候的教育制度跟現在是不一樣的。」接著他又講了下去：

詹姆士的姑姑常常到家裡來串門子，詹姆士一看到心愛的姑姑來了，好高興，然後就一個接一個問題的問個不停，問得她招架不住的說：「這麼小的孩子，就會問這麼多深奧的問題，我竟然回答不了，真是讓人下不了臺！」

詹姆士對四周的事物感到好奇，他好奇的程度要比別的孩子超出許多，如果他得不到滿意的答案，就會自己想辦法找答案，或者親身去體驗。有時候，他還會瞞著大人，到別人沒有注意的地方去探險、去發掘呢。

「叮噹！叮噹！」在那年代，還沒有發明發電機，也沒有電力公司，當然也沒有電鈴，但是家家都有呼叫僕人用的鈴鐺。有一天，家中鈴鐺忽然響個不停，原來這是詹姆士的新發現，只要一拉鈴鐺繩子的一頭，立刻就會有鈴聲叮噹，有時鈴聲在廚房、有時鈴鐺在工作房響起。詹姆士用心研究的結果，才知道，原來這些鈴鐺是一個、一個用繩子栓連起來的。他興奮的一面拉繩，一面大叫：「真好玩呀！」在每個房間爬上爬下，想要查清楚，屋子裡繩子是怎麼牽連的，廚房鈴鐺的繩子是如何接連到書房，大門口的門鈴又是從哪兒拉過去的。

詹姆士另外還有一個本事，就是他能從日常生活用品中，發明出一些意想不到的用處。譬如說，在他三歲的時候，有一天，媬姆給他一個湯匙和一個錫盤，教他如何把錫盤當成輪子，用湯匙推著它在地板上玩。沒想到，一轉眼功夫，詹姆士卻在另外一個房間大叫：「爸爸！媽媽！快來看，我用錫盤抓住太陽了，它在沙發上、牆壁上跳舞呢！」爸媽過來一看，只見他拿著錫盤，對準射進來的陽光，在那兒輕輕的把弄。原來他利用錫盤的反光性，把射進屋來的日光，反射到牆上和家具上，輕輕翻動錫盤，就能使日光在不同地方跳動。這大概是他的第一個科學實驗吧！

在媽媽的督導下，詹姆士很快的就學會認字，開始讀書了。會識字讀書，就像是拿到了一把開啟知識大門的鑰匙，讓他有機會在文明世界中遊走，去欣賞、去理解、去探討。他喜歡讀歷史書，也喜歡那些介紹各地名山大川的地理書。他天資聰敏過人，好像有過目不忘的天賦，能把讀過的文字內容都一一牢記心中。

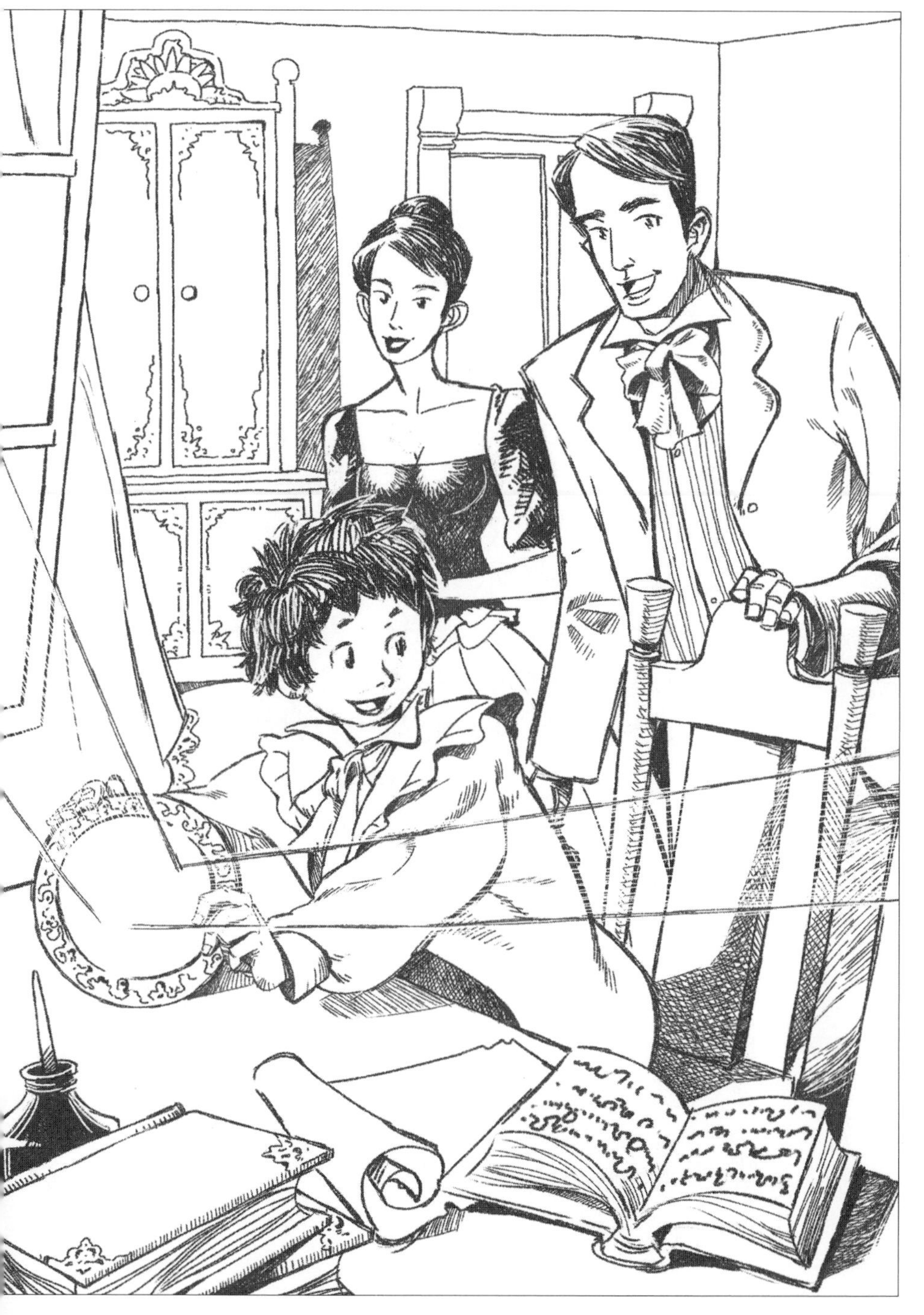

吃晚餐的時候，爸爸對沈伯伯說：「現在的孩子除了補習做功課，一有空閒就是看電視，沒有做白日夢的時間，就很難有所創新了。」

沈伯伯說：「這是很不幸的，美國的小學生不帶功課回家做，書包中有的只是故事書，他們從小就培養了閱讀的習慣，因此他們的語文能力很好，這個長處讓他們終生受用不盡。」

我聽了他們的對話後，就插嘴說：「是啊！我每天的功課都好多，根本沒有時間看故事書，我將來沒有像麥克斯韋那樣的大成就，你們不要怪我喔。」

＊試試看，用一塊鋁箔、或一面鏡子，看看能不能讓射進來的陽光，在家具上跳舞。

很酷的中學生

我跟幾個好朋友提起沈伯伯講故事的事，他們都很好奇，興沖沖的問我：「我們可不可以也來聽？」

我說：「當然可以！」

從今天起，就有好幾個同學一起聽沈伯伯講故事。

沈伯伯看到了我的同學也來聽講，很高興的說：「我有這麼多聽眾，真好！」

接著他就開始講故事了：

「小朋友，我相信，你們小的時候在家裡面，爸爸媽媽一定很寵愛你們，但是，我們的主角詹姆士・麥克斯韋，在他八歲的時候，他的媽媽就因為生病而過世了，還在這個小小的年紀，就失去親愛的媽媽，讓他非常的難過。

「本來是媽媽在家中教他讀書，但現在媽媽過世了，為了繼續他的學業，爸爸於是為他請了一位家庭教師；但是這位家教對他很兇，常常欺負他，後來被爸爸知道，就把家教辭退了。但是詹姆士的學業總不能中斷，沒辦法，他只好獨自一個人，到外地去念書，他那時只有十歲呢！你們是不是很同情他？」

我們聽了都為他難過，就問沈伯伯：「他才十歲就一個人到外地去念中學，他是住在學校的宿舍嗎？」

沈伯伯說：「1841 年，詹姆士才十歲就去念中學，比一般孩子都早了一些。在愛丁堡，他不是住在學校宿舍，而是住在他姑姑家。姑姑的名字叫伊莎白娜，是爸爸的妹妹，姑丈去世後，姑姑一個人住，生活寂寞，很高興有人來陪她。詹姆士要去的學校，是蘇格蘭最地區有名的『愛丁堡中學』，姑姑幫他註冊時，發現一年級班上的名額都滿了，不再收新學生。與學校商量的結果，覺得詹姆士的程度很好，就讓他跳一級插班進入二年級就讀。」

講到這裡，沈伯伯停下來，問我們：「在你們當中有誰跳過級的？」只有一個同學舉手。

沈伯伯問他：「你跳級以後，有遇到什麼問題嗎？」

那位同學說：「問題是同學都比我大，我成了一個小個子，有時候會被人欺負。」

沈伯伯說：「這種情況很可能發生。詹姆士提早從小學畢業，又在中學跳了一級，跟同學在年齡上有著兩歲的差別，班上的男孩都長得比他高又壯，而且這六十多位同學，多半來自富有的家庭，他們在這所學院已經讀了一年，熟悉學校環境和規矩，彼此之間也交上了朋友，可以說是有了他們自己一套的校園文化。

「像詹姆士這麼個年紀小、個子矮的新生，無論到哪裡去，只會引人注目，不會受到歡迎！更糟糕的是，剛從鄉下來的詹姆士，身上穿的是鬆鬆的直統斜紋布外衣，上面有縐邊的高領子，腳上穿著有塊銅扣的方頭皮鞋。這些穿著，都是他爸爸為他設計縫製的，雖然保暖舒服、結實耐穿，但是卻跟當地流行的服裝大不相同。同學們穿的都是緊身外套，窄細皮鞋。相形之下，這位新同學，雖然長得還算好看，但是真像一個不折不扣的鄉巴佬。

「上學第一天，第一堂下課休息的時候，大伙就把詹姆士團團圍了起來，拉拉他的衣服、踢踢他的皮鞋，用盡方法想惹他生氣。當詹姆士一開口說話，他格林瑞爾口音就顯露出來，同學們聽了，就更用怪聲怪調來學他的口音，然後歡呼大笑。他們撕破了詹姆士的衣服，還給他起了個『小傻瓜』的外號。」

聽到這裡，我忍不住的說：「同學們欺負詹姆士，難道沒有人管嗎？」

沈伯伯說：「那是在下課休息的時間發生的，沒有老師看到。喔，對了！我們剛才稱小時候的麥克斯韋為詹姆士，詹姆士是他的名字，麥克斯韋是他家族的姓氏，當他的研究、著作有成就以後，人們就以他的家族姓氏來稱呼他，這也許可以說是光宗顯祖吧！我們就從現在改口叫他麥克斯韋吧！

「上課時麥克斯韋對老師的講課，感到平淡無趣，但是難得的是他承受了下來，還保持了幽默的態度。不過，泥人也有土性子，直到有一天，他又受到同學的欺侮，實在忍無可忍，終於把積在心中的怒火暴發出來，發了一場大脾氣，把同學們都嚇了一跳，發現他也有脾氣，不再好欺負，就少惹他了。

「他三年級的時候，學校裡舉行了數學和詩歌比賽。當校長宣布最高獎得主時，大家發現數學獎的得主是麥克斯韋，再宣布詩歌朗誦獎的得主時，又是麥克斯韋！兩個科目的獎由同一人獲得已是難得，而得主是沉默寡言的麥克斯韋，更讓全班同學跌破眼鏡，連級任老師都感到十分意外。從此以後，麥克斯韋在班上的地位大大改變，連他的服裝和鄉音都被同學們接受了，並且還發現麥克斯韋是這麼的『酷』，大家都服了他，也常常向他請教功課。

「在愛丁堡中學上學的那段時間，父親和姑姑都希望麥克斯

韋能夠很快的融入同學群中，跟他們打成一片。但是麥克斯韋並不是一個很合群的人，他的許多想法和做法，都跟別人不同，他沒有參加大伙都去的體育活動，只喜歡一個人打彈珠、玩陀螺。在課堂自習的時候，他常常在作業簿上，畫著各式各樣的圖案，同學們對他畫的這些圖案不感興趣，也看不懂他畫的是些什麼。他經常獨自一個人，躲到操場邊的角落，興趣盎然的去觀察蜜蜂採蜜，或是小甲蟲尋找食物；有時候，也愛爬到大樹上去，瞭望校園外的景色，乘機鍛鍊一下體魄。

「每天放學以後，麥克斯韋就回到姑姑家，住在姑姑家就像住在自己家一樣，日子過得平穩自在。姑姑家有間藏書豐富的圖書室，讓他有機會讀很多書。

「麥克斯韋的表姐是一位年

輕的畫家，她除了畫畫之外，也喜歡做手工。麥克斯韋和表姐兩人合作，製出一個能旋轉的大木圓盤，他們在上面貼著一連串的漫畫卡通，在家人親友聚會時，就請大家看戲。只要用力把圓盤一轉，那些圖片就連貫起來，好像有動作一樣，就像現在的動畫片。」

一個同學問沈伯伯：「麥克斯韋在愛丁堡中學讀書的時候，好像同學們都在笑他，他有沒有交到好朋友呢？」

沈伯伯說：「在整個愛丁堡中學求學的階段，麥克斯韋交了兩位好朋友——路易士・康寶和彼得・泰特，他們本來也是在班裡受欺侮的，三個人同病相憐。康寶是位功課特別優秀，家教很好的男孩。康寶的家在麥克斯韋姑姑家附近，他們兩人天天一起走路上下學，一起討論功課，幾乎形影不離。康寶後來成為聖安諸大學古典文學教授，他不僅在麥克斯韋結婚時擔任伴郎，還在麥克斯韋死後，為他撰寫傳記。

「麥克斯韋的另一位好朋友叫泰特，他的數學和物理的功課很好。他們兩個人也常常在一起研討功課，他們還發現，那時學校新請來的理化老師，懂得還沒有他們多。後來泰特也和麥克斯韋一樣有作為，成了數學和自然哲學家，也就是現在所謂的物理學家。」

沈伯伯講完這段故事，問大家有沒有問題？

有一個同學問：「在當時，蘇格蘭的學校制度是怎樣的？幾歲上小學、幾歲上中學，跟我們的一樣嗎？」

沈伯伯說：「當時蘇格蘭的學制，跟現在的稍有不同，他們五歲上小學，要念七年；十二歲上中學。今天我們講了很多，如果你們感興趣的話，就請看看『放大鏡』吧！」

＊蘇格蘭的學制

1. 小學教育：五歲入學，十二歲小學畢業。小學課程內容包括：英語、數學、環境研究、表現藝術、宗教教育等。
2. 中學教育：學生在十四歲時參加第一階段考試，十六歲時，參加第二階段考試；通過後即完成了義務教育，可繼續學習也可以工作。學習有學術及職業兩個方向。如選擇學術方向，要再學習兩年，然後參加考試，在十八歲時完成中學教育。

5 與數學結緣

沈伯伯今天來的時候，背了一個大背袋，說：「我帶了一些道具來。」

我問沈伯伯：「是不是要給我們看表演啊？」

沈伯伯回答：「我先來講麥克斯韋的故事，然後再給你們示範他小時候畫曲線的方法，你們可以從這兒看出他在數學方面的天分，等會兒，你們也可以試著畫畫看。」他一面說，一面就從袋子中拿出一些道具。

沈伯伯說：「在麥克斯韋四、五歲的時候，喜歡美術工藝的父親，想試試兒子有沒有畫畫的天分拿來了一個花瓶，花瓶中插滿了秋天盛開的菊花，叫麥克斯韋寫生。過不了多久，麥克斯韋就把畫好了的圖交給父親看，你們猜猜看，他畫的是什麼？父親一看之下才發現，滿張紙上畫的都是幾何圖形：花瓶是一個上寬下窄的梯形，菊花是大小不同的圓圈，還有葉子都畫成了一些形狀不一的三角形。父親看了感到很驚奇，知道兒子的興趣在數學方面，而不是在繪畫，從此就順著兒子的天性，開始教他數學，特別是幾何和代數。就這樣麥克斯韋和數學結下了不解之緣，以後經常在數學競賽中得獎。」

我插嘴說：「麥克斯韋這個數學天才，他能把實物想像成幾何圖形，多奇怪呀！如果我在美術課上，把花朵畫成圓形、葉子畫成三角形的話，老師一定會糾正我的。」

沈伯伯說：「我們的教育制度應該多鼓勵，也應該多包容孩子的創造意識。」

他又繼續講了下去：「麥克斯

韋和父親的關係一直很好，他離鄉背井，在愛丁堡中學讀書的時候，獨自住在姑姑家裡，父親雖然住在鄉下，但只要有空就會來城裡看兒子。父子二人喜歡到附近小山坡去散步，他們倆一面走路一面聊天，各自把過去幾個星期內，發生的有趣事情講出來和對方分享。有時他們也會到當地的景點逛逛，每當看到新鮮的事物，麥克斯韋就會像海綿吸水般汲取，把它們牢牢的記在心裡。父親因為知道兒子有數學方面的天分，想他一定也會對科學感興趣，有時也帶著他到愛丁堡皇家學會去聽科學講座，他也聽得津津有味。麥克斯韋從小跟著父親出入科學園地，使他受到不少的薰陶。」

今天爸爸也在聽沈伯伯講故事，他打岔對我說：「好啊，我們有時也應該到公園走走、散步聊聊天，到博物館參觀參觀，去科學館看看展覽，好不好？」

我很高興的說：「當然好啊，說不定我會是個小麥克斯韋呢！」

爸爸對沈伯伯說：「對不起，我打岔了！請繼續講吧！」

沈伯伯接著說：「1845 年，十四歲的麥克斯韋，又跟隨父親來到愛丁堡皇家學會，參加學術會議。在會場上，有一位專家在那兒示範用幾何作圖方法畫橢圓。麥克斯韋聽完這次的演講，使他受到很大的啟發。他心想，既然橢圓這個曲線，能用這麼簡單的方法畫出，那麼，用相似作圖的方法，是不是能夠畫出比較複雜的『卵形』呢？受到好奇心和求知欲的驅使，麥克斯韋開始認真的研究起來。不久，他找到了畫卵形曲線的方法，接著又寫出了畫卵形曲線的數學式子。他用卵形曲線的畫法，也能畫圓形和橢圓形。」

沈伯伯講到這裡，歇了一口氣，喝了一口水，把道具一一放在桌上，有圖釘、細繩、鉛筆、一塊木板和貼在木板上的一張白紙。他把兩個圖釘釘在木板上，把細繩繞在上面，用鉛筆放在細繩中間，把繩子繃緊，移動鉛筆就畫出了一個橢圓，接著他又表演畫了一個卵形曲線。

看到這裡，我插嘴說：「真有意思，我也想試試看！」

沈伯伯說：「如果你想畫橢圓和卵形曲線的話，可以照著『放大鏡』的方法來畫，看看靈不靈吧。」

沈伯伯接著又說：「麥克斯韋把這個畫曲線的方法，用簡單的數學式子表示出來，並把這個方法寫成論文，敘述橢圓和卵形曲線的繪製方法，發表在愛丁堡皇家學會學報上，論文的內容，除

放大鏡

＊橢圓的畫法

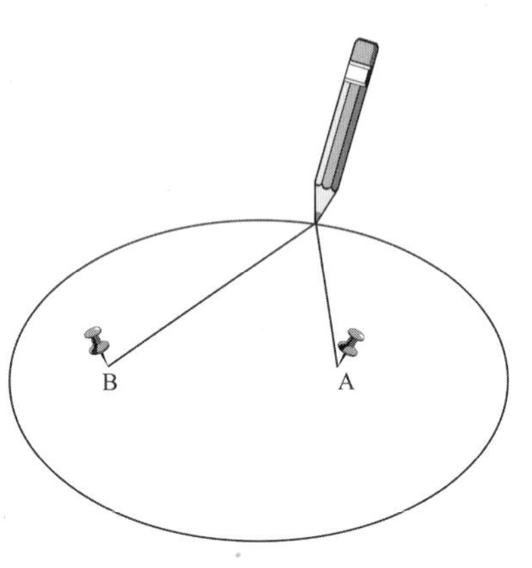

工具：一塊木板，兩個圖釘，一根細線，一支鉛筆，一張白紙。

方法：拿一張白紙放在木板上面，把兩個圖釘釘在白紙中間兩個不同點，A 與 B 點，再把線的兩頭分別繫在兩個圖釘上，線的長度要大於兩個圖釘之間的距離。然後把鉛筆頂住兩圖釘間的細線，使細線繃緊，同時移動鉛筆在紙上畫弧，圍著兩個圖釘畫一圈。

＊卵形曲線的畫法

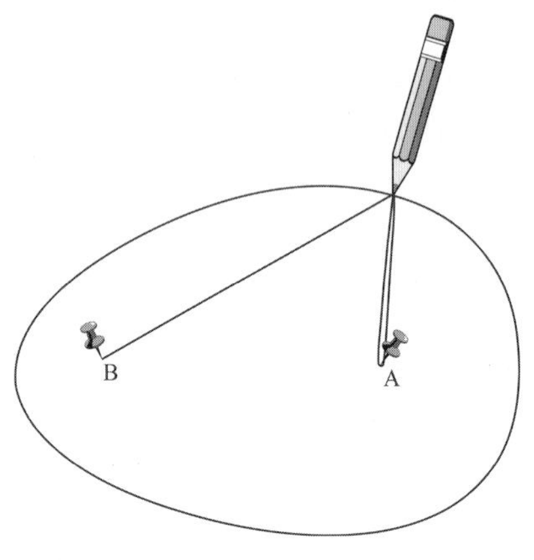

工具：一塊木板，兩個圖釘，一根細線，一支鉛筆，一張白紙。

方法：把繫在 A 圖釘那一端的線頭解開，轉繫到鉛筆上，讓 A 圖釘仍釘在木板上不動，然後拿著鉛筆，拉住線從 A 繞一圈，再把鉛筆頂住 AB 之間細線的中段，維持繃緊狀態，在這個情形下，鉛筆到 A 有兩股線，而到 B 點只有一股線。此時移動鉛筆在紙上畫線，你會發現畫出來的，是蛋的形狀，那就是卵形曲線了。

了討論曲線的繪製以外，還有數學公式。因為他還是個十四歲孩子，在一次科學會議上，他的論文由一位教授代讀。」

一位同學說：「哇！他發表第一篇論文的時候才十四歲，那比我們大不了幾歲。」

沈伯伯說：「是啊，據說當他剛把論文寫好的時候，連他父親看了都有些懷疑：這真是我兒子寫的嗎？因為這個題目實在太深奧了！他父親把這篇論文送到愛丁堡大學，交給一位數學教授審讀，這位教授看完論文，也很訝異，因為他知道，這個問題只有在 17 世紀時，法國數學家笛卡兒曾經研究過。

「接下來，這位教授還是不放心，再把論文交給其他幾位教授，看看這篇論文是否是從書上抄來的，但是他們翻遍了所有最近出版的學術刊物，都沒有找到

類似的論文。教授最後找來笛卡兒的原著論文對照，發現麥克斯韋得到的公式，與笛卡兒的公式是一樣的，但是運算方法不同，麥克斯韋的比較簡單。這時，他們才都相信了，論文真是麥克斯韋寫的。」

最後沈伯伯下結論說：「1847 年秋天，十六歲的麥克斯韋從中學畢業，考進了蘇格蘭的愛丁堡大學，專攻數學物理。他以後的專業研究興趣，就是用簡單的數學來解釋物理現象，把物理數學化，這是他最大的長處，他就是靠這項長處而成為一代大師。」

沈伯伯講完了故事，我們幾個人呆呆的坐在那兒，心裡還在想著，麥克斯韋在十四歲這樣小的年紀，就能想出這麼奇妙的方法，畫複雜的卵形曲線，然後還推出簡單的公式，真是了不起。

6 愛丁堡大學出高徒

沈伯伯今天到我們家，又帶來一袋子的東西，他說：「這些也是等會兒要示範給你們看的實驗工具，在示範之前，我先來講講麥克斯韋在大學時的情形。」

沈伯伯說：「1847 年 10 月，十六歲的麥克斯韋從中學畢業，考進了愛丁堡大學，讀的是自然哲學系，也就是今天的物理系。他是班上年紀最小的學生，但考試成績卻總是名列前茅。除了在數學方面表現得十分出色之外，他還在電化學、光學和材料力學等領域，做了許多研究，深得教授們的讚賞，其中有一位物理教授詹姆士．福布斯，特別准許他可以單獨在實驗室裡做實驗，對學生來說，這是極為難得的榮譽。」

我問沈伯伯：「麥克斯韋除了

讀書，是不是不愛做其他的事？」

沈伯伯說：「麥克斯韋讀書非常用功，但並不是死讀書，在學習之餘，他還有時間寫詩、讀課外書，因此他對其他與物理不相關的科目也很熟悉。」

他又說：「麥克斯韋從小對各種事物好奇，在大學裡，他把這個好奇的個性，應用到對學術的探討上。有一次，在一項學術會議中，他曾經跟幾位學者和教授討論問題，因為意見不同，而引起激烈辯論。那個引起他們爭辯的題目是什麼呢？沒想到他們爭辯的題目，竟然是『人眼睛對光的反應』。」

一位同學問沈伯伯：「這不是醫學方面的問題嗎？」

沈伯伯說：「對呀！除了物理以外，他還對醫學感興趣呢！」

沈伯伯繼續講下去：「在愛丁堡大學期間，有兩位教授對他影響最深，一位是剛才提到的物理學家福布斯。福布斯教授是一個實驗家，他培養了麥克斯韋對實驗技術的濃厚興趣，麥克斯韋本來是從事理論物理研究的人，能夠對實驗感興趣，是很難能可貴的。另外一位深深影響麥克斯韋的是邏輯學教授威廉・哈密頓，他是當時鼎鼎有名的哲學家。哈密頓教授在課堂中，教導學生不要局限於目前現有的觀念，應該勇敢的去突破，因而啟發了麥克斯韋對自然界奧祕探討的興趣。

「在這些有真才實學的人的影響下，加上麥克斯韋個人的天才和努力，他的學識一天天的進步，只用三年時間就完成了四年的學業，愛丁堡大學已經不能滿足麥克斯韋的求知慾了。為了進一步深造，1850 年，麥克斯韋徵得了父親的同意，離開愛丁堡，到人才濟濟的劍橋去求學。

「麥克斯韋在愛丁堡大學做了許多研究工作，我們現在就從其中提出一樣來談談。」

說到這裡，沈伯伯從帶來的袋子裡，拿出一個中間有長軸的圓盤，又拿出了不同顏色的紙張和剪刀。

沈伯伯說：「麥克斯韋在中學時期，一有空閒就喜歡玩陀螺，這種陀螺，實際上是一個活動圓盤，中間有一個能轉的軸，他在上面貼上各種顏色，圓盤一轉，顏色就會混合起來，看起來是另外的一種顏色。他不僅僅是自己玩，還教許多朋友一起玩，據說麥克斯韋一生都愛玩這種活動圓盤。他的這項愛好，不僅只是為了好玩，還包含著種種科學的想法在內。這種顏色圓盤的原理，後來被他應用到科學的研究中。

「我帶來的這個圓盤，就像麥克斯韋發明的彩色光盤一樣，

你們看看上面貼了幾種顏色呢？」

我們看到三分之一是紅色、三分之一是綠色，另外的三分之一是藍色，是用三個相等面積的扇形彩色紙貼上去的。

沈伯伯接著又說：「我把這個圓盤用力一轉，你們猜猜看，我們會看到什麼顏色呢？」

有人猜還是原來的紅、綠、藍三個顏色；有人說會看到黃色吧，還有人說會看到白色。沈伯伯不說話，把圓盤用力一轉，圓盤轉得很快，我們看到的是一片白色，原來的紅、綠、藍三個顏色都不見了。

沈伯伯又把圓盤的彩色紙換掉，一半用紅色的紙，另一半用綠色的紙，問說：「你們再猜猜看轉出來會是什麼顏色？」

我們你看看我，我看看你，最後都搖搖頭說不知道。只見沈伯伯把圓盤用力一轉，產生的顏色竟然是黃色，大家驚嘆不已。

沈伯伯說：「這就是麥克斯韋發現的人眼對光色辨別的理論。」接著他解釋其中的原理：「彩色光有紅、綠、藍三個原色，按不同比例把它們配合起來，看起來就有萬紫千紅的顏色。」

有一位同學問：「為什麼呢？」

沈伯伯說：「那是因為我們眼睛對顏色有暫時保留的緣故，原來看到的顏色雖然已經轉開了，但色彩印象還暫時留在眼中，等新的顏色出現時，兩者就混合在一起了。」

另一位同學問：「我們之所以能看到電視上的繽紛色彩，是不是基於這個原理？」

沈伯伯回答：「對的！」他接著說：「彩色電視屏幕上的每一點，其實都包含紅、綠、藍三個發光點，當電視中的電子很快的打到紅、綠、藍三個發光單元時，因為這三個光的強度不一樣，我們就可以看到無數不同顏色的畫面了。

「紅、綠、藍三個彩色光盤的原理，嚴格說來，是科學家漢姆豪斯先發現的，但麥克斯韋並不知道，所以他們原理的發現是獨立的。彩色光盤是麥克斯韋最先做出來的科學儀器，證明了光的三原色的原理。從這個故事，我們可以看出來，麥克斯韋不僅是物理理論好，並且他可以設計實驗的儀器、和所用的工具，來證明他的理論。從光由紅、綠、藍三個顏色組成的理論、到製造光盤、進而證明了這個理論，這是很難得的。

「我們平常使用的顏料或油漆，調配的原理跟光的合成稍微有不同，顏料的三個原色是紅、黃、藍。我們看到的紅色顏料，是因為紅色的光沒有被吸收，而其他的光被顏料吸收的緣故；同樣的，藍色顏料是因為藍色的光沒有被吸收，其他的光被顏料吸收了。當紅色和藍色顏料混合在一起，卻產生了暗紫色。如果你想知道不同顏色顏料的混合，會產生什麼顏色，不妨用調色盤來調配一番，也可以上網去找找答案。如果還想知道用不同分量的紅、綠、藍三種光會合成什麼顏色的光，答案也可以上網找到。」

同學們都迫不及待的，想回家上網看看顏色的千變萬化。

＊你喜歡玩陀螺嗎？試試看把陀螺上分成扇形的幾區，每個區上貼上不同的色紙，把陀螺打轉，看看會產生什麼顏色？

＊試試看用水彩或彩色筆，把兩種顏色混合，看看產生什麼顏色。如：紅加黃，藍加黃，紅加藍等。

7 劍橋大學的益友

今天又有幾位新的同學聚在我們家裡，他們可以說是慕名而來，聽說沈伯伯講的麥克斯韋故事好聽，就要求來參加了。沈伯伯看到聽眾愈來愈多，心裡很高興，就講得更起勁了。

沈伯伯說：「昨天我們講到了麥克斯韋在愛丁堡大學就學的情形。1850 年 10 月，十九歲的麥克斯韋在老師的鼓勵下，徵得父親同意後，離開了蘇格蘭的愛丁堡大學，當時他還沒有拿到學位，就轉到英格蘭的劍橋大學就讀，先是進入大學內最古老的彼得學院，後來轉學到同校的三一學院進修。」

我舉手打斷沈伯伯的話說：「我知道劍橋大學，在媽媽愛看的連續劇『人間四月天』裡，有許多劍橋的景色。」

沈伯伯說：「是的，『人間四月天』拍攝的是詩人徐志摩的故事。徐志摩有一首著名的詩〈再別康橋〉，這個『康橋』其實就是『劍橋』。劍橋的英文原名是“Cambridge”，徐志摩前半的“Cam”用的是音譯，後半的“bridge”用的卻是意譯，所以成了康橋。現代文學家陳之藩出過一本書叫《劍河倒影》，是把他在劍橋大學留學時的所見所思所聞，寫出來的好文章。」

一位同學說：「劍橋大學是一所世界聞名的大學，是不是呢？」

沈伯伯說：「是的。」

他又接著說：「劍橋大學創立於 1209 年，是一所歷史悠久的大學，也是英國首屈一指的高等學府，它有很好的科學傳統，發現『萬有引力』定律的牛頓，曾在這裡工作過三十多年；創立『進化論』的達爾文，也是劍橋大學的畢業生。麥克斯韋初到劍橋的時候，對新環境的一切都感到新鮮。

「在劍橋，麥克斯韋保持著他一貫的勤奮作風，第二年就以優異的成績拿到了獎學金。按照學校的規定，獲得獎學金的學生都被安排在餐廳裡同桌吃飯，麥克斯韋因此結識一群功課好的同學，慢慢的和他們交上了朋友，他逐漸克服少年時的害羞個性，變得愛與人交往。他們這些有才華的年輕人，惺惺相惜、志同道合。交上好朋友，是麥克斯韋在劍橋的一大收穫。

「在劍橋大學，有一群才華橫溢的學生，他們組織了一個社團，稱為『信徒俱樂部』。這是一個對科學感興趣的團體，他們效法耶穌有十二個門徒，起名為『信徒』，團員人數也以十二人為限。實際上，這是一個有建設性的學會，有真才實學的學生才有資格參加；由於麥克斯韋的才華出眾，引起了這個團體成員的注意，他們才吸收他為會員。

「在劍橋，麥克斯韋專攻數學，讀了大量的專門著作，但是他的學習方法卻沒有條理，他對時間支配也不夠好。有時候為了鑽研一個問題，他可以接連幾個星期不眠不休，而有的時候，他又不加選擇，漫無邊際的博覽群書。」

我打斷沈伯伯的話，說：「我爸爸一再提醒我，讀書的方法和時間的分配是最重要的，有條理的讀書習慣，能收到事半功倍的效果。」

沈伯伯說：「你爸爸說的對，這也就是孔夫子說的：『工欲善其事，必先利其器。』器可以解釋成工具或是方法，就是說無論做什麼事，一定要先具備得當的器具和好的方法。」

他接著又講：「麥克斯韋在課餘時間，常常和信徒俱樂部的朋友們聚在一起，探討各式各樣的問題。他們宣講彼此感興趣的論文，先做討論、繼而進行辯論，坦率的提出批評，誠懇的交流意見，有時也會即興作詩。社友們十分欣賞麥克斯韋的詩才，但是與他談話交流卻非常困難，因為麥克斯韋說話和他讀書一樣，思維跳躍性非常大，常常如同天馬行空，自己心中明白，表達出來卻是前言不搭後語，往往一個論題沒有講完，又跳到另一個題目上，讓人跟不上。

「儘管同伴們與他交流起來困難，但是仍把麥克斯韋看做是奇才。因為麥克斯韋驚人的想像力，敏捷的思維，尖銳的詩句，不但讓他們感到望塵莫及，並且都對他心服口服。」

沈伯伯看到我們臉上一副欽佩的表情，對我們說：「你們幾個好朋友是不是屬於什麼社團呢？可以學學麥克斯韋和他的社友，一起閱讀好書，討論、辯論。或者一起去參觀博物館、看場好電影之類的，都是非常有意義的活動喔。」

我們幾個同學，你看看我、我看看你，異口同聲的說：「這真是一個好主意！」

劍橋大學遇恩師

沈伯伯昨天講了麥克斯韋在劍橋大學，和幾位同學變成好朋友的故事。今天沈伯伯要跟我們講麥克斯韋如何在劍橋大學遇到兩位恩師，他們對他一生有很大的影響。

「麥克斯韋在一次偶然的機會下，遇到了數學教授威廉・霍波金斯。那天，霍波金斯教授到圖書館借書，想要借一本數學的專科著作，但是他在藏書室裡怎麼也找不到。他向管理員打聽，發現這本書被一位學生借走了。霍波金斯心中納悶不解，因為那本書的內容很深奧，是一般學生不容易讀懂的，因此教授非常好奇這個借書人到底是誰，向管理員打聽後，才得知是麥克斯韋。

「當教授在閱覽室找到麥克

斯韋時，只看到這位年輕人正在那兒埋頭苦幹，一面看書、一面摘寫綱要。霍波金斯走近一看，只見麥克斯韋在筆記本上，塗寫得亂七八糟、毫無秩序。他忍不住跟麥克斯韋說：『你在這兒很用功的寫筆記，一看就知道是個好學的學生，但是如果一個人讀書做研究，不講求條理分明的話，就很難融會貫通的。』」

我的一位同學小聲對我說：「還好他沒有看到我的筆記本，我的本子上面被我塗寫得亂七八糟，但是我還是能看得懂。」

沒想到他的話，沈伯伯還是聽到了，就對我們大家說：「等你們上了中學以後，功課多了，筆記本一定要寫得整齊，用起來就會事半功倍了。」

沈伯伯接著講：「霍波金斯是劍橋大學的知名教授，曾經培養出不少人才。因為麥克斯韋很用

功，數學成績很好，所以霍波金斯收他為學生，因此，霍波金斯就成了麥克斯韋的指導教授。他首先要訓練麥克斯韋的，是有條理的學習方法。霍波金斯對他解答、計算數學題目的每個步驟，都嚴格要求，並且把自己對科學史的知識都傳授給他。霍波金斯老師十分滿意麥克斯韋的進展，就推薦他到劍橋大學的資優班學習。

「另外一位對麥克斯韋影響很大的教授是加布里爾·斯托克斯。斯托克斯是劍橋大學的數學教授，他發現了一個很重要的數學定律，叫『斯托克斯定律』，這個定律使他揚名於數學界。後來，麥克斯韋在他的電磁理論，也用到這個具有關鍵性的定律。麥克斯韋在斯托克斯指導下，學習數學和流體力學。」

講到這裡，我的一位同學舉

手問：「什麼是流體力學？」

沈伯伯回答：「流體力學是研究氣體、液體分子中的壓力、體積、以及溫度之間關係的科學。流體力學和輪船、螺旋槳、噴射機引擎的設計，關係密切。」

沈伯伯接著說：「麥克斯韋在劍橋大學，經過這兩位名師的指點後，進步得很快，不到三年的時間，就掌握了當時最先進的數學方法，成為一位漸露頭角的青年數學家。教過他的老師都經常對人稱讚他，在他們教過的學生中，毫無疑問，麥克斯韋是最傑出的一個。更重要的是，麥克斯韋不是一個理論的數學家，他能把數學和物理實驗結合起來，完成一套天衣無縫、偉大的電磁理論。」

另外一個同學問：「什麼是電磁學？」

沈伯伯說：「這是有關電學和

磁學的學問，這是麥克斯韋的專長，我們以後會詳細講它，它能為我們解釋天為什麼是藍的！

「1854 年，二十二歲的麥克斯韋參加了數學學位考試，得到甲等數學優等生的第二名，獲史密斯獎學金，同年，取得博士學位。」

講到這裡，沈伯伯說：「今天我們講了很多了，下次我們要講麥克斯韋畢業後就業的情況。」

劍橋大學再遇大師

沈伯伯說：「前一陣子，我們講的是麥克斯韋從出生到念大學的事，從今天開始，我們要來說說他大學畢業後就業的情形。」

我對沈伯伯說：「會講到天為什麼是藍的吧？」

沈伯伯說：「你別著急，一步一步來講，一定會讓你懂得天為什麼是藍的。」

沈伯伯接著說：「大學畢業後的兩年期間，他都是擔任三一學院的『研究學者』，開始對電磁學發生興趣。1855 年，麥克斯韋在劍橋哲學學會發表了〈論法拉第力線〉。正當他才華初露，要在這新科學領域裡一展身手時，傳來了一個壞消息 —— 他的父親生病了，而且病得很重。為了照顧父親，麥克斯韋離開了環境非常好的劍橋，到離家較近的阿伯丁謀職。」

我插嘴說：「麥克斯韋真是個孝順的兒子！」

沈伯伯說：「是的，麥克斯韋非常孝順，父子兩人的感情一直很好。」

他接著又說：「阿伯丁是愛丁堡東北部的一座海港，那裡的馬里斯查爾學院，同意聘請麥克斯韋擔任自然哲學教授。回到家，麥克斯韋盡心盡力的照顧著病榻上的父親，想減輕父親的病痛。但是一切努力都沒有效果。1856年的春天，他的父親病故了，享年六十六歲。這件事對麥克斯韋來說，是永遠難以彌補的損失，他長時間沉浸在悲痛中。

「在決定去馬里斯查爾學院之前，麥克斯韋思慮了許久，對劍橋大學，他還是非常留戀的，而且在父親去世以後，他就考慮

是不是還要到阿伯丁去呢？更主要的是，他的科學研究工作才剛剛開始，他不知道在阿伯丁是否有合適的研究條件。但是，麥克斯韋決定要守信用，還是去阿伯丁上任了。

「在劍橋和阿伯丁那一段時期，麥克斯韋只有二十多歲，在研究方面有兩位對他影響深遠的前輩，他們是麥克·法拉第和威廉·湯姆生。

「法拉第是英格蘭一個鐵匠的兒子，家境貧寒，完全憑藉自己的天才與勤奮自學，而成為一名了不起的科學家。他的偉大發現是電磁感應，這個題目我們以後會詳細討論。

「湯姆生比麥克斯韋大了七歲，他在科學上的貢獻，從 1841 年就開始了，當時他還是一名劍橋大學的學生， 1845 年，在湯姆生二十一歲時，就把法拉第提出的電力線觀念，用數學公式表示出來。當麥克斯韋讀到湯姆生的論文時，非常佩服，就寫信向他討教，後來兩人成了好朋友。

「湯姆生科學研究的範圍很廣，後來成為英國當時最有名的科學家之一，現在國際上通用的溫度單位為攝氏(C)，但科學家們常常用的是凱氏單位(K)，就是紀念湯姆生。」

我問沈伯伯說：「紀念湯姆生的溫度單位，為什麼用“K”，而不是用“T”呢？」

沈伯伯說：「那是因為湯姆生出名以後，維多利亞女王頒賜爵士位給他，稱他為凱文爵士，所以紀念湯姆生的溫度計是凱氏單位“K”。」

我對沈伯伯說：「我知道溫度計有攝氏和華氏單位，但是從來不知道有凱氏單位。」

沈伯伯說：「凱氏是用在科學

研究上的溫度單位，一般用在特別低的溫度上，攝氏度數加 273 就等於凱氏度數。」

沈伯伯一口氣講到這裡，然後說：「今天就講到這裡，我們休息吧！明天我們再來說說他在阿伯丁大學做的事情。」

10 在阿伯丁大學工作

今天沈伯伯帶來了一部筆記型電腦和一架投影機，說要給我們看一些圖片。他先跟我們講了麥克斯韋在阿伯丁大學工作的情形：

麥克斯韋的父親於 1856 年去世，在料理完父親後事之後，麥克斯韋就留在阿伯丁的馬里斯查爾學院，擔任自然哲學，也就是物理教授。從 1856 年到 1860 年，也就是從麥克斯韋二十五歲到二十九歲離開，在這四年期間，他做了好幾項重要的工作，其中有天文學和氣體動力學的研究。在天文學方面，麥克斯韋用了整整兩年時間，研究土星的運行，並於 1857 年發表了關於土星光環的文章，並因這篇論文獲得了獎勵科學研究的「亞當斯獎」。更重要的是在 1858 年，與院長的女兒凱薩琳小姐結婚，我們在後面再特別介紹。學術上受到肯定，又完成了人生大事，此時的麥克斯韋真是雙喜臨門。

講到這裡，沈伯伯一面把他的電腦和投影機安裝、架設好，一面問我們說：「你們知不知道我們太陽系一共有幾個行星呀？」

大家七嘴八舌講不出一個共同的答案。沈伯伯就跟我們講了有關太陽系的知識：「太陽系有八大行星，第一大行星是木星，第二大行星就是麥克斯韋研究的土星，從離開太陽數起，土星是第六個行星。土星最明顯的特徵是有美麗的環系統。」

我打了一個岔問：「那我們地球呢？」

沈伯伯說：「地球是太陽系的

第三個行星，我們的衛星只有一個，大家一定都知道，對吧？那就是月亮。」

沈伯伯看到我們都在點頭，又接著說：「圍繞在土星外面的圓環，每一個都是薄薄的一層，19世紀的天文學家對土星感到很神祕，因為他們不知道圓環是由什麼東西組成的。」

一位同學說：「在那個時代，又沒有太空科學，怎麼可能去研究探討呢？」

沈伯伯說：「你說得很對，為了鼓勵科學家們探討新的題目，劍橋大學和聖約翰學院的數學系特別設立了一項『亞當斯獎』，那年的主題是探討土星環究竟是固體、液體，還是由碎塊所組成的。麥克斯韋用數學的方法，研究這些可能性，首先證明圓環不可能是固體，後來又提出了圓環不可能是液體的證明，結論是它由碎片碎塊所組成的。麥克斯韋用非常高深的數學，證明得頭頭是道，所以得到了亞當斯獎。」

講到這裡，沈伯伯把投影機打開，在銀幕上顯示出了土星環的影像，沈伯伯一面指著畫面，一面解說：「土星環究竟是不是由碎片碎塊所組成的呢？在麥克斯韋去世之後的一百多年，也就是 1980 年代，人類送了太空船到土星，拍了相片，看到的土星環真的是由碎片碎塊所組成的。2004 年，又有另一艘太空船向土星駛去，途中經過了土星環，又再一次的證明，當年麥克斯韋的結論是對的。」

看著畫面、聽到這裡，我們都覺得：雖然麥克斯韋沒有坐太空船去土星，也沒有最好的望遠鏡，不能看見土星周圍的細節，但他僅僅用鉛筆紙張，用數學方法推算一下，就能探出宇宙的奧

祕，真是了不起。

沈伯伯說：「從這個故事我們了解到有許多科學的問題，都可以用數學來解答。你們如果要做個好科學家，一定要打好數學的根基，因為數學是開啟物理學的鑰匙，也是進入各項科技、工程的基礎。麥克斯韋就經常用數學的方法，來預測將來能看到的東西。」

有同學問：「如果我們要看土星環圖片的話，在哪兒可以找到呢？」

沈伯伯回答：「你在搜尋網站時，打上“Saturn’s Rings”，就可以找到有關土星的網址，看到土星環的圖片了。」

沈伯伯又說：「麥克斯韋在馬里斯查爾學院裡，還有一項重要的工作，就是在氣體動力學方面的研究。在 1860 離開阿伯丁的那年，他發表了關於氣體分子分布的一篇論文，這是第一篇用統計方法來處理物理問題的論文。另外一位叫保茲曼的科學家繼續他的工作，依據研究出來的結果，寫出來的公式就叫『麥克斯韋——保茲曼方程式』，這個方程式一直到今天在氣體動力學方面，仍為科學家們所應用。」

同學們聽到麥克斯韋在短短四年內，做了這麼多重要事情，都表現出極端佩服的神態。

沈伯伯說：「精彩的還在後面呢！我們以後再講吧！」

＊你有望遠鏡嗎？看看能不能找到土星。

11 好姻緣裡寫情詩

沈伯伯今天來的時候說：「今天我們要講些輕鬆的事情，那就是麥克斯韋的羅曼史，我們要把鏡頭拉回到 1856 年。我們前兩天說過，在 1856 年那年，麥克斯韋二十五歲的時候，因為父親生重病，轉回到家鄉阿伯丁的馬里斯查爾學院擔任教授，做了許多很成功的研究，最重要的是他結婚了。」

事情是這樣子的：

馬里斯查爾學院院長杜瓦很照顧這位新來的年輕學者，常常請他到家裡來吃飯，尤其在逢年過節的時候，麥克斯韋都是他們家的座上客，像是他們家中的一分子。麥克斯韋在院長家結識了院長的女兒凱薩琳，認識久了，兩人成了無話不談的好朋友。終於有一天，麥克斯韋鼓起勇氣向凱薩琳求婚，而她答應了。

麥克斯韋與凱薩琳的婚禮，是在 1858 年 6 月舉行的，好朋友康寶特地從外地趕來擔任他的伴郎。麥克斯韋和凱薩琳結婚的時候是二十七歲，而凱薩琳已是三十三歲。他們相知相許，為能得到託付終身的伴侶，感到溫馨。麥克斯韋曾寫了這樣一首詩來表達他內心的歡愉：

相信我，春天就要來了，
所有的花蕾都含苞待放，
一年中最有色彩的時刻，
就在待放的花苞上。

正要綻放的花苞告訴我們什麼？
告訴我們，生命是如此歡暢，
那些還未開的花蕾隱藏了什麼？
我們終究會知道！

我在花叢中徘徊，
懷疑季節的變化，
酷寒的嚴冬冷凝了我的血液，
我已經準備要叛變。

現在我不再懷疑、也不再等待，
所有的恐懼都已無蹤，
夏日姍姍來遲，
冰霜和迷霧都不復再現。

兩人結婚以後，麥克斯韋把新娘帶回他的故鄉，格林瑞爾，為了歡迎凱薩琳到他居住過的農莊，那個讓他度過愉快的童年的地方，他特地為妻子寫了一首小詩：

我的知心人啊！
沿著清新的春天微波，
妳願意跟我一起同行，
漫步於這麼廣大的土地嗎？

妳願意跟我來看看，
在這美麗的山坡上，
在這優美的小河畔，
一個學子如何度過他的一天嗎？

我倆要走的路，
會踏過清涼的春潮，
妳我彼此相依，
在這廣大的世界上，
沒有任何人的稱讚或責怪，
可以改變我們要去的方向，
那曾經給我們帶來快樂時光，
在這優美的小河畔。

在格林瑞爾的蜜月，兩人盡情享受了暖陽、微風和彎彎的小河。麥克斯韋夫婦恩愛一生，但是沒有生育子女。

沈伯伯說：「有人稱讚麥克斯韋說他雖然是位科學家，但卻能寫一手好散文，還會作詩，我們可以說他是『左手賦詩，右手能算』。他真是一個多才多藝的大師。」在浪漫的氣氛中，我們結束了今天的聚會。

12 在倫敦國王學院完成電磁研究

沈伯伯今天到我們家來時，又帶了一包東西，我們知道他又要給我們看一些有趣的東西，所以大家都很高興。沈伯伯說：「我們先接著前幾天講講麥克斯韋在大學工作的生活，等一會兒才來做示範。」

沈伯伯說：「前幾天我們講到在 1857 年的時候，麥克斯韋在阿伯丁大學雙喜臨門，他不但在土星研究上得了亞當斯獎，最重要的是在隔年他結婚了。可惜好景不常，到了 1860 年，那時麥克斯韋二十九歲，他生了一場大病，生的是天花。雖然在 1798 年，牛痘疫苗已經在英國研發成功，但是麥克斯韋顯然沒有接種這種疫苗，而得了天花。幸好，麥克斯韋逃過了這場災疫。

「接下來在那年秋天，馬里斯查爾學院和另一個學院合併，裁減人員，麥克斯韋沒有得到續聘，只好另謀生路。麥克斯韋想到他的母校愛丁堡大學謀職，因為他的老師福布斯已退職，需要一個自然哲學教授。同時到愛丁堡大學應選的有三個人，校方決定用考試來決定錄用誰。在筆試方面，麥克斯韋的學問理所當然是第一，但是在口試上，麥克斯韋比不上別人。考試結果，麥克斯韋落選了。當時愛丁堡的一家雜誌發表評論文章，為愛丁堡大學失去這樣一個人才而惋惜。不過被選上的人也不差，那就是麥克斯韋在中學和劍橋大學的同學泰特。

「1860 年底，麥克斯韋接受了倫敦國王學院的聘請，離開阿伯丁，夫婦兩人有了新的生活，麥克斯韋也開始了新的研究。在倫敦國王學院，他的研究成果非常豐碩。1861 年，麥克斯韋製造出世界第一張彩色相片，但最重要的研究成果是，他大體上完成了電磁學理論。

「1865 年，他三十四歲的時候，他因騎馬發生意外，頭部撞到樹幹受傷，後來傷口發炎了，又是大病一場，在大病初癒後，身體很虛弱，麥克斯韋辭去教職到蘇格蘭自己的莊園裡去休養。在那裡，他投入全部精力從事科學研究，彙集實驗所得結果，開始撰寫他最著名的《電磁通論》一書。

「在這本書中，他把以前研究成果的論文綜合起來，寫成四個方程式。這四個方程式，包括了所有電和磁的物理意義。這四個方程式，後人稱為『麥克斯韋方程組』，因為可用來解釋所有的電磁現象，我們就稱它為『電

磁祕笈』四招吧！以後我們會一招一招拿來講。」

沈伯伯講到這裡停了一下，問大家說：「因為這本書非常非常重要，在跟你們講解之前，我們要先認識『電』和『磁』。」

沈伯伯接著說：「你們知不知道在我們四周，有什麼看不見、摸不著、也感覺不到，但卻是非常有用的東西？」

我馬上舉手說：「是空氣！」

沈伯伯說：「差不多，空氣是在我們四周，看不見、摸不著，但是我們可以感覺到它存在還是不存在，因為沒有空氣我們就不能呼吸，對不對？還有其他答案嗎？」

有個同學說：「灰塵、花粉，還有細菌。」

有一位同學說：「是無線電、遙控器發出來的信號，或者是X光，是不是呢？」

沈伯伯說：「你們猜得都對，今天我要講的是電和磁。」說完就從袋子中拿出了四個電池來，分成兩堆，接著說：「這四個電池，其中兩個是有電的、兩個是沒有電的，你們能猜出來哪個是有電的嗎？」

大家看看這些電池，外表都一模一樣，不知該從何猜起。

沈伯伯把一組電池放到手電筒裡面，說道：「手電筒能亮的就表示電池有電，不亮的就表示電池沒有電，在電池的外表完全看不出電的存在。」

接著，他又拿出兩根鐵針，說：「這兩根鐵針，一根是有磁性的、另一根是沒有磁性的，你們能看得出來嗎？」大家都說看不出有什麼不同。

沈伯伯把鐵針用線吊起來，有一根針，無論怎麼撥它，它都指著南北方向，沈伯伯說這一根針是有磁性的。沈伯伯再吊起另外一根針，撥它在哪兒，它就停在哪兒，就表示它沒有磁性。

沈伯伯又說：「現在我們知道一個不帶電的物體，如果電子多了，就帶負電，如果電子少了，就會是個帶正電的物體。當兩個帶正電的物體、或兩個帶負電的物體接近的時候，它們之間就會產生一股力量，互相排斥；如果一個物體帶正電，一個物體帶負電接近的時候，它們之間就會產生一股相互吸引的力量。磁力也是一樣的，磁性有南極和北極之分，兩個南極接近的時候就互相排斥，南極和北極接近的時候就相互吸引。」

我聽到這裡，感覺很神奇，就舉手說：「那為什麼指南針一直指著南北呢？」

沈伯伯說：「你的問題問得很好！地球本身是個大磁鐵，地球磁鐵的磁北極，在地理上的南極附近，磁南極在地理上的北極附近，相同的磁性互相排斥，相異的磁性互相吸引。當我們使用指南針時，指針的 S 極會指向南方的磁北極；指針的 N 極會指向北方的磁南極。」

有一位同學問：「聽起來電和磁都能獨立存在，它們兩者之間有沒有關係呢？」

沈伯伯說：「雖然人類在很早很早以前就發現它們的存在，但是一直到兩、三百年以前，科學家才開始做了許多實驗，把它們的性質歸納起來。這當中最重要的人物是法拉第和安培，他們發現了電可以產生磁，磁可以產生電，電和磁是一家人。」

話還沒有講完，電燈一閃一閃，然後就全熄了，原來是停電了。我們只好在黑暗中跟沈伯伯說再見，結束今天的故事時間。

13 電磁實驗的泰斗：法拉第

昨天社區停電的時候，沈伯伯正好要講法拉第和電磁感應的定律，這個定律是由英國科學家法拉第整理許多實驗結果所發現的。今天沈伯伯來，就開始講法拉第的生平故事。

他說：「麥克・法拉第的父親是個鐵匠，小時候他們的家境並不寬裕，法拉第曾經當過圖書裝釘行的學徒，後來發憤圖強，自己看書學習，成為皇家學院院長的助手，開始接觸化學實驗，後來轉為電磁學的研究，發現了電與磁相互關係的定律。現在國際通用的電容器單位『法拉』，就是紀念法拉第的。

「法拉第的實驗，基本上是這樣的：拿一個馬蹄形的磁鐵，和一個金屬線圈，如果把線圈放在馬蹄形磁鐵中間，然後很快把磁鐵拿掉，或者把線圈抽掉，就發現線圈上有電流。磁鐵和金屬線圈雖然並沒有接觸，但就好像兩個好朋友，一個要走了，另一個不捨得，心中都會有所感應一樣，當磁鐵要走掉，或金屬線圈要離開磁鐵的時候，都會感應產生電壓，隨著產生電流，這個現象叫做『法拉第電磁感應』，由此現象所建立的就是『法拉第感應定律』。」

我一面聽，一面想著線圈和磁鐵的關係，不自覺的問說：「那個線圈和磁鐵並沒有接觸，怎麼會相互作用呢？」

沈伯伯說：「你問得好！當時的科學家都認為兩個物體之間互相作用，它們之間應該有媒介的存在，但是在線圈和磁鐵之間只有空氣的時候，怎麼會發生作用呢？為了解釋這個感應現象，法拉第提出了一個『場』的觀念。」

沈伯伯接著說：「有了磁鐵，它的四周就建立起磁力線，有磁力線的地方，我們通稱為磁場，那磁場就像下雨天空氣中有『雨場』一樣，只不過我們看得見雨場，但看不見磁場。磁場中的隱形磁力線，表示出磁場的方向，就像從天上落下來的雨，是有方向性的，沒有風時，雨是垂直落到地面；在颳風時，就會改變成斜的方向。把磁鐵放置在一個空間，它就會在空間建立起磁場，磁力線就從磁北極向外面輻射擴展，然後轉個彎回到磁南極。磁力線總是從磁北極出來，在空中走一段之後，最後一定回到磁南極。實際的磁力線的方向和分布形狀，要看磁鐵的強度和形狀而定。

「當金屬線圈放在磁鐵附近的時候，線圈遇到磁力線，兩者之間就發生作用，雖然磁鐵和線圈沒有接觸，但是由於線圈碰到了磁力線，電磁感應就產生了。

「麥克斯韋很喜歡法拉第提倡的這個『場』的新觀念，當他讀到法拉第的《電學實驗研究》著作時，就像遇到寶物一般的愛不釋手，立刻對電磁學產生了濃厚的興趣，他正好運用他的專長——數學，去解釋法拉第電學實驗結果。麥克斯韋把他的領悟寫成〈論法拉第力線〉一文，把法拉第『場』的觀念，把理論文字完全用數學表達出來，這是麥克斯韋第一次把數學應用到電磁理論上。

「1855 年和 1856 年，麥克斯韋在劍橋大學和馬里斯查爾學院做事的時候，這篇〈論法拉第力線〉分成兩段，在劍橋哲學協會上宣讀，他同時把論文寄給法拉第。沒有多久，便收到一封熱情的回信，這封法拉第的回信，給麥克斯韋帶來很大的鼓勵。

「1860 年，麥克斯韋到倫敦的國王學院教書，他一到倫敦，就特意去拜訪法拉第。在阿伯丁的四年，他的工作雖然很多，但心中總有一個心願，就是繼續進行他曾有所建樹的電磁學研究。

「在一個晴和的秋日，麥克斯韋與法拉第見面了，這次的會晤在兩人心中都留下了深刻的印象。當麥克斯韋見到年近古稀、兩鬢斑白的法拉第時，就先自我介紹，法拉第立刻想起來，麥克斯韋曾經在四年前，寄來他寫的一篇論文〈論法拉第力線〉。他很喜歡眼前這個年輕人，雖然兩人相差了四十歲，但還是一見如故，親切的交談起來。

「麥克斯韋問法拉第：『您對我那篇論文有什麼指教？』

「法拉第說：『這是一篇出色

的文章，我從不認為自己的學說就是真理，但你是真正能夠理解它的人。』最後法拉第語重心長的說：『你是一個很有實力的數學家和物理學家，你不應該只停留在用數學來表達我的磁力線觀點，而應該去突破它！』

「這聲『突破它！』鼓舞了麥克斯韋，他決定要把法拉第的研究向前推進一步。除了把法拉第感應定律的方程式定為麥克斯韋『電磁祕笈』的第一招外，以後在電磁祕笈中又加了三招，才使得『麥克斯韋方程組』成為天衣無縫的電磁學定律。」

講到這裡，已經到了晚飯時刻，沈伯伯說：「今天就講到這兒了，明天是週末，我們來一次遠足，到石門水庫去遊覽。我們可以一面野餐，一面繼續講法拉第的感應定律，以及它的用途。」

同學們聽了也都想去，爸爸

說：「你們回家問問爸爸媽媽，如果他們允許，就可以跟我們一塊去，明天早上八點鐘出發。」大家就高高興興的各自回家了。

14 利用電磁感應的發電機

星期六是個風和日麗的好日子，一大清早，我那幾位好同學都來到我們家，連同沈伯伯，一起坐上了我家的麵包車，由爸爸開車到石門水庫。

一到石門水庫，沈伯伯說：「你們知不知道，在石門水庫裡面，有一個重要的設備跟法拉第的電磁感應有關？」大家你看我、我看你，都搖搖頭。

沈伯伯說：「石門水庫的發電機用的是水力發電，它的操作就是靠法拉第電磁感應定律，也就是麥克斯韋電磁祕笈第一招的運用實例。

「它有什麼用呢？舉個例來說，根據法拉第感應定律，線圈在磁場中運動，就會產生電壓，有人就用機械力讓線圈在磁場中旋轉，因此產生電壓，這就成為發電機了。直到今天，仍是應用這個原理來發電。石門水庫蓄存了很多水，利用水下沖的力量來推動線圈，線圈旁邊有很強的磁力線，線圈在磁力線裡面轉動，就會產生電壓。這種用水力來推動線圈發電的方式，就叫水力發電。」

一位同學問：「火力發電是怎樣操作的，原理又是什麼呢？」

沈伯伯回答說：「火力發電是利用煤、天然氣、石油等，把水燒成蒸汽推動線圈來發電，原理跟水力發電一樣。核電場的發電機則是用核能燒水再去旋轉線圈的。另外還有風力、海浪發電，都是靠機械的力量來推動線圈在磁場中旋轉。設計這些發電機都需要精密的公式，這個公式就是麥克斯韋根據法拉第的理論所建立的，是指導設計發電機的最高

守則，就從這一點來看，你說這祕笈的第一招用處有多大！」

我們聽得一楞一楞的，我心想，在日常生活中，好像每一分鐘都不能沒有電，可見發電機對人類的重要性，也體會到麥克斯韋的偉大！

因此，我迫不及待的對沈伯伯說：「沈伯伯，你以前講過麥克斯韋方程組有四招，它的第一招就這麼厲害了，我們也想知道另外的三招，請您把第二招、第三招、第四招都告訴我們吧，我們等不及了！」

媽媽打岔說：「大家都餓了！一邊吃一邊聊吧。」

媽媽幫我們準備了好多美味的食物，有滷蛋、火腿三明治、馬鈴薯沙拉，以及各式果汁、冷飲，我們一面吃著、喝著，一面聽沈伯伯講下去。

15 電磁祕笈第二招

我們一面享受美味的食物，一面欣賞石門水庫的湖光山色，沈伯伯吃完了三明治之後，接著講麥克斯韋電磁祕笈第二招。

沈伯伯說：「麥克斯韋電磁祕笈的第二招，主要是說電流可以產生磁場，如果電線上有電流通過的話，磁場就會在電線四周產生。法國科學家安培最早在實驗中觀察到了這個現象。」

我一聽到「安培」，就舉手問沈伯伯：「安培是一個電的什麼單位，是不是呢？」

沈伯伯回答說：「是的，安培是一個電流的單位，讓我慢慢說給你們聽。」

原來安培，全名是安諸．馬瑞．安培，在 1775 年生於法國里昂，家境富裕，藏有很多圖書。

安培很喜歡看書，特別是有關科學的書，他最重要的成就是建立了「安培定律」。

我的一個同學就搶著問：「什麼是安培定律？」

沈伯伯回答道：「簡單的說，如果我們有一根電線，上面有電流的話，就會產生磁場，磁場就像漩渦一般，圍繞著電線轉。距離電線愈近，或者電流愈強，磁場就愈強，電流愈弱，或者離開電線愈遠，磁場就愈弱，安培也定下磁場的方向和電流方向的相互關係。」

沈伯伯又接著講：「安培是個物理學家、也是位數學家，他把自己的實驗以及別人的實驗結果綜合起來，寫成『安培定律』。安培定律其實只說明了一半的實際情況。怎麼說呢？根據法拉第定律，線圈在磁場中運動可以產生電場，麥克斯韋推測一個隨時間變化的電場也能產生磁場，恰巧這個電場的單位也定為安培。麥克斯韋就在安培公式中，加了第二項，叫這個隨時間變化的電場為『位移電流』。所以說，磁場變化可以產生電流，電場變化可以產生磁場，電流和位移電流都可以產生磁場。引進位移電流的概念，是電磁學上的一項重大突破。

「有了位移電流這項之後，麥克斯韋推算出有『電磁波』的存在。電和磁可以同時存在，並且可以像光一樣的經過空氣、或真空傳播到遠處。當然我們現在知道，光就是電磁波的一種，但是在當時，這些都是震驚世界的發現，因為這個電磁波是個看不到、摸不著、也感覺不出來的東西。」

一位同學問：「既然電磁波是看不到、摸不著的東西，為什麼值得科學家去研究？」

沈伯伯回答道：「原因是電磁波對我們太重要了，地球上的生命，就靠著電磁波來生存，我們生活中的電子網絡、電視節目、電話，都靠電磁波來傳遞信息，如果有一天，電磁波罷工了，全世界都會停頓下來。」

一位同學問道：「既然位移電流這麼重要，為什麼安培在實驗中，沒有發現它呢？」

沈伯伯回答說：「根據麥克斯韋的理論，電場變化愈大，位移電流愈強。安培的實驗用的全是直流電，從乾電池出來就是直流電。直流電本身以及它所產生的磁場，都不隨時間變化，所以沒有位移電流。由電力公司送到家庭來的電是交流電，它是低頻率的，有的國家是五十赫茲、有的是六十赫茲。在那樣低頻率的時候，位移電流即使有，也非常微弱，發生不了什麼作用。」

我舉手問：「什麼是頻率？」

沈伯伯回答：「六十赫茲頻率的意思，就是電壓從正值變到負值，再變回到正值，每秒鐘來回六十次。」

又有一位同學問：「每秒鐘來回變動六十次，還叫低頻率呀？」

沈伯伯說：「是的，家庭用電都是低頻率的，廣播電臺發出來的電磁波頻率比較高，有一百萬赫茲左右，微波爐的作用，是把六十赫茲頻率的電，轉變成二十多億赫茲頻率的電磁波，來加熱食物。位移電流在那樣高頻率的時候，才顯出它的重要性。」

我們大伙不約而同的「哇！」了一聲，心中在想每秒鐘變化二十多億次，是多麼不可思議。

沈伯伯接著講下去：「麥克斯韋很有先見之明，利用他的數學推理，加了這項位移電流，當時並沒有實驗數據證明他的論點。這一論點可能是麥克斯韋最大的貢獻，不僅把以前的實驗成果數學化，用一個簡單的數學公式，囊括所有實驗的結果，還加了這項尚未證實存在的位移電流。

「這個大膽的假設，對以後電磁學的應用影響非常大，從這裡才證實了有電磁波的存在，否則在我們這個世界裡，不可能有電話、手機或電視。一個偉大的科學家能夠發現一個自然定律，這個定律，不但能解釋以前所有實驗的結果，而且還能預測未來的結果，預測一個尚未被發現的東西，這真是了不起的成就，這就是麥克斯韋祕笈第二招的重要貢獻。

「麥克斯韋祕笈第二招，有許多應用，小的應用如門鈴，一按門鈴，就通上電，電流根據安培定律產生磁場，就吸引小鐵鎚敲打鈴鐺。大的應用像用來透視人體各部位，最先進的『核磁共振成像儀』，這儀器需要一個強力的磁場，這個磁場就是由電流通過線圈，根據安培定律而產生出來的。」

大家聽得津津有味，一個同學說：「麥克斯韋祕笈第一招是說磁可以生電，第二招是說電可以生磁，電和磁真是一家人吧？」

沈伯伯聽了拍手說：「就是這樣的，電和磁是一家人，由此可見你完全聽懂、並且理解了這兩者之間的物理意義了！我們休息一下，再來講第三和第四招吧！」

＊**問題**：電視機的遙控器是用什麼樣的電磁波傳遞信號？

步驟：把遙控器用紙巾包起來，試著用它打開電視，看看是否打開。

結果：用紙巾包起來的遙控器，不能把信號傳遞到電視機。

結論：遙控器不是用普通的電磁波傳遞信號。實際上，遙控器用的是紅內線光波，性質與可見光的紅光相似，所以大部分被紙巾擋住，就不能把信號傳遞到電視機。紅內線光波，當然更不能透過鋁箔。

16 電磁祕笈第三、第四招

我們聽沈伯伯講得正開心的時候，天忽然暗了下來，先是電光閃閃、接著雷聲隆隆，眼看雨就要下來了。媽媽說：「我們趕快把野餐食物收拾起來，撤到棚子裡去吧！」還好我們動作快，在雨傾盆而下的時候，我們已搬進蔽雨棚裡了。雷雨來得急、去得也快，不久雨就停了，天邊出現了一道彩虹。

沈伯伯說：「這場雷雨來得正是時候，正好幫助我們解釋電磁祕笈的第三招。」

麥克斯韋電磁祕笈第三招，其實就是「庫侖定律」，也有人稱它為「高斯定律」，這個定律把電荷，就是帶電的物體，所產生的電場之方向和大小，都極為精確的決定下來。這個定律，是法國物理學家庫侖最先發現的，所以叫做「庫侖定律」。

庫侖的全名是查利・奧古斯丁・庫侖，1736年生於法國名叫昂古萊姆的地方，比麥克斯韋早了九十五年。庫侖最初在軍中服務，他的任務不是打仗，而是做研究工作，曾經做過一連串有關電的實驗，把許多實驗結果整理出來，得到庫侖定律。庫侖定律是說，兩個帶電粒子（電荷）之間互相有作用力。

庫侖定律在電學發展史上是一塊重要的里程碑，因為它是第一個定量的規律。定量的意思，就是不但說明了兩個電荷之間有吸引力或排斥力，而且把這力道的大小和方向，都標示出來，使得電學的研究，從「定性」進入「定量」階段。現在國際上用的電荷單位「庫侖」，就是以他的姓氏命名，紀念他這項貢獻。

一位同學問沈伯伯說：「什麼自然現象可以用庫侖定律來解釋呢？」

沈伯伯回答說：「讓我們就拿『閃電』來做例子吧。當天上的雲與空氣摩擦時，雲就會帶電，當帶正電的雲接近地面的時候，根據庫侖定律，就會把地面上的負電，吸引到雲正下方的地面，當雲與地面的距離更加接近的時候，雲上的正電和地面的負電之間的吸引力，就會大大的增加，當這股吸引力達到某種程度的時候，就會像在空氣中打開一條道路，正、負電中和在一起，就造成了閃電。閃電過程中，會產生極大的電流，把空氣加熱膨脹，氣壓增加，我們就會聽到轟然一響，雷聲大作。」

沈伯伯看大家都用期待的眼神望著他，他知道他得趕緊將祕笈的第四招介紹給大家。他接著說：「麥克斯韋電磁祕笈第四招，就是『高斯定律』。高斯是著名的德國數學家，麥克斯韋用的數學公式，有的是由高斯推導出來的。高斯定律與靜電學中的庫侖定律相似，數學的形式也類似，但是它對付的是磁場。我們前幾天曾經說過，磁鐵的兩端，一端叫磁南極，一端叫磁北極。磁力線的方向是從北極到南極，磁的南極和磁的北極永遠在一起，不能分開單獨存在。如果有一條長長的磁鐵，上端為南極、下端為北極，一切為二後，在新切的那兩段磁鐵中，仍然上端為南極、下端為北極。也就是說，任何一根磁鐵，無論長短，都是有南、北兩極，不可能只有兩個南極，或兩個北極。所有的磁力線，都是從北極走向南極，中間不會間斷。

「電磁祕笈第四招又有什麼

應用呢？讓我們拿『磁浮列車』來做例子。」

我趕快插了一句話：「去年在上海我坐過磁浮列車，速度好快喔！」

沈伯伯說：「沒錯！磁浮列車可以很快速的移動。磁浮列車的車廂下面裝有兩組線圈，當電流通過第一組線圈的時候，就產生磁場，在軌道上用同樣的方法，也產生磁場，這兩個磁場都是磁北極，根據電磁祕笈第四招，車廂與軌道之間有排斥力，所以車廂就被舉起，浮在空中。軌道上的第二組線圈在車廂的前方，另外產生磁南極，與軌道的磁北極相吸引，這就是車廂前進的推動力。因為車廂浮在空中，車廂與軌道之間沒有接觸，就沒有摩擦力，所以磁浮列車可以達到很高的速度。」

沈伯伯講到這裡說：「今天講

得真不少，現在天色已晚，大家都很累了，我們沒時間回答問題了，上車回家，明天再談吧！」

回程路上，同學們都睡得東倒西歪，沈伯伯也忍不住打起瞌睡呢！

17 天衣無縫的電磁祕笈

沈伯伯第二天來了，對我們說：「昨天我們在石門水庫一口氣把麥克斯韋電磁祕笈的四招都講完了，大家一定有許多問題，現在可以提出來了。」

我第一個就舉手問說：「麥克斯韋電磁四招好像都是別人做的事情，像法拉第呀，安培呀，庫侖跟高斯，是不是他只是把別人的研究成果綜合起來而已，他的貢獻是什麼呢？」

沈伯伯說：「你問得好！麥克斯韋最重要的貢獻有兩部分，一是他把這些科學家的實驗結果歸納成四個數學方程式，他發現用這四個方程式，可以解釋所有的電和磁的現象，把定律數學化，把物理定律變成了數學式子，這種把物理和數學連起來的方法，有很大的影響力。以後愛因斯坦的相對論和量子力學都是用數學公式表示出來的。」

一位同學問說：「第二點是什麼呢？」

沈伯伯說：「他加了一項位移電流，等於是無中生有，因為他們在那時候，並沒有探測到位移電流，他從數學觀念中推測出電磁波的存在。」

另一位同學問：「麥克斯韋方程式用的數學是代數，還是幾何呢？」

沈伯伯說：「麥克斯韋用的數學比較深奧，叫偏微分方程式，到大學才會讀到，我現在就不多說了。」

沈伯伯又接著講下去：「我們以前說過，麥克斯韋在三十四歲的時候，生了場大病，因此離開了倫敦國王學院，回到家鄉去養病，他在養病期間花了全部的精力去完成電磁學的研究，在1873年，他出版了一本書——《電磁通論》，是麥克斯韋綜合自己所寫的論文重點，並且對論文中所用到的數學公式，詳細的介紹。這本書有一千多頁，把電磁學解釋得清清楚楚，直到今天仍是電磁學的經典。

「麥克斯韋在一百多年前，定下這套電磁祕笈的四招，至今尚未有人發現有任何破綻。換句話說，如果有任何一個電場或磁場，不遵照電磁祕笈裡的定律的話，它就不可能在宇宙中存在。反過來說，一個電場或磁場，只要遵守電磁祕笈，它就可以在宇宙中存在。再換句話說，無論任何時間，在任何地方，電磁場都要照著電磁祕笈行動，四個招數全部都要符合，缺一不可。」

我聽沈伯伯講得又急又快，先是換句話說，又反過來說，然後再換句話說，我想沈伯伯一定是在強調「電磁祕笈」的重要性和精確性。

我問沈伯伯說：「電磁祕笈這麼偉大，除了發電機、核磁共振成像儀和磁浮列車以外，還有什麼別的用途？」

沈伯伯說：「應用的例子實在太多了，除了你說的這些以外，還有更多的電磁產品，無論是3G手機，還是高解析度電視，它們的原理都包含在電磁祕笈之中。要設計這些新科技產品，或者想發明新電子用品，非得把這本電磁祕笈讀通不可，這是不是像一部高深的武功祕笈呢？練好了，就可以在江湖上行走自如了。」

沈伯伯接下去說：「麥克斯韋的電磁祕笈，還有一個很值得介紹的地方。大家都知道，牛頓的『第二運動定律』是 $F = ma$，就是力量等於質量乘以加速度。但是在愛因斯坦提出相對論之後，這個簡單的運動定律就有些不太對勁了，因為當物體運動速度很快很快，快到接近光速的時候，牛頓當初的公式就得改變，重新調整。

「麥克斯韋電磁祕笈在相對論之前四、五十年提出來，現在相對論大行其道，許多的物理觀念都隨著改變，而電磁祕笈在相對論的考驗下還是對的，並不需要更改。這就是為什麼，愛因斯坦認為麥克斯韋偉大，麥克斯韋不但解釋了以前所有的實驗定律和數據，還預測未來尚未發生的事情，如今還通過了相對論的考驗，這本祕笈上的武功真是天衣無縫呀！

「但是，麥克斯韋說電磁波可以在真空中傳遞信號或能量的推測，在一百多年前可是一項很奇特的結論，更是件不可思議的事情，因為那時候的想法是，要傳遞信號或者能量，必須要靠媒介，像電線傳電流、或空氣傳聲音。現在麥克斯韋居然說，電磁波可以在空氣、或真空中傳導，而真空是一處空間，裡面什麼都沒有，怎麼能傳遞能量呢？而空氣是不導電的，也不應該傳導能量。

「所以當麥克斯韋電磁祕笈剛發表的時候，相信的人不多，因為它的結論太奇怪了，難以被人們接受。麥克斯韋的電磁理論不被人認同，他很不得志，直到十多年以後，德國卡斯魯大學教授赫茲，做實驗證明了信號可以從空氣中傳遞，不用經過任何的金屬線，才確定電磁波的存在，接著便有人發明了無線電報。現在世界各處都在利用電磁波，大家對麥克斯韋的電磁祕笈，就深信不疑了！」

沈伯伯說：「我們今天就講到這兒吧！」

＊**問題**：手機用的電磁波能不能透過紙片？能不能透過金屬鋁箔？

步驟：

1. 把手機用紙巾包起來，用另外電話打手機號碼，看看手機鈴聲是否會響。
2. 把手機用鋁箔包起來，用另外電話打手機號碼，看看手機鈴聲是否會響。

結果：用紙巾包起來的手機，仍舊能收到電話信號，用鋁箔包起來的手機，收不到電話信號。

結論：證明手機用的電磁波，能夠透過紙巾，而鋁箔能阻擋手機用的電磁波。

18 卡文迪許實驗室

有關麥克斯韋在電磁理論的成就，我們已經從沈伯伯那兒陸陸續續的聽了好多，好像麥克斯韋總是用數學來綜合別人的實驗結果。

一天，我問沈伯伯：「麥克斯韋是不是跟其他科學家一樣，也在實驗室做研究？」

沈伯伯回答說：「是的，在實驗室研究不一定要做實驗，做理論研究來解釋實驗結果也是可以的。」沈伯伯又說：「麥克斯韋在物理學史上是一名理論物理學家，他的學生弗萊明後來對他的評價是：『從理論角度上看，麥克斯韋預言了電磁波的存在，但是似乎他從來不覺得有必要用實驗去證明它的存在。』」

我接著問沈伯伯：「難道麥克

斯韋從來沒有做過實驗嗎？」

沈伯伯說：「我們以前講過，其實麥克斯韋從小就喜歡動手做實驗，像研究門鈴線路、製作彩色光盤、畫卵形曲線等等，都是科學實驗。他在倫敦國王學院五年期間，僅僅做過一些有限度的實驗研究，大多是在氣體動力學方面的實驗。

「麥克斯韋在家鄉休養的期間，把《電磁通論》結稿，送出去出版，後來病也好了。1871年起，四十一歲的麥克斯韋把主要精力，全用在籌建劍橋大學『卡文迪許』實驗室上。1872年，這座實驗室破土動工，到1874年竣工，並由麥克斯韋擔任它的第一任主任。由於麥克斯韋的慘澹經營，樹立下良好的制度，這座實驗室，立刻成為世界科學研究的中心，到了2007年的今天，前前後後，在這個中心工作的科學家

們，一共有二十九位獲得諾貝爾獎。」

聽到這兒，我想到一個問題問沈伯伯：「麥克斯韋是位教授，除了主持卡文迪許實驗室之外，他還教書嗎？」

沈伯伯回答道：「他是要教書的。」

另一位同學問：「他教的是電磁學嗎？」

沈伯伯說：「除了實驗室的日常工作，麥克斯韋在劍橋大學，每個學期還要擔任一門課程的教學工作，課程內容是電磁學和熱力學。他利用課堂提倡自己的電磁理論。可惜的是，他的聽眾並不多，一來由於他本身就不是一個善於講演的講師，二來他所講述的電磁學理論，與當時的傳統物理學大大的不同，何況電磁學又是用高深數學來表達的一門學問，所以學生人數寥寥無幾。雖然如此，他富有開創性觀點很快的就吸引了最優秀的學生前來聆聽，並直接影響了劍橋大學物理科學的發展。1876 年以後，為了維持實驗室經費的運轉，麥克斯韋還把自己的大量積蓄拿出來，用以添置設備。」

一個同學舉手問沈伯伯：「麥克斯韋能捐錢給實驗室，就表示他的經濟情況很好，對不對？」

沈伯伯說：「不是的，他的經濟情況並不是很好，他過得很儉樸，並且在這個時候，麥克斯韋的生活充滿了不幸與苦惱。」

接著他又說：「在事業上，他的電磁學說不被當時的科學家所理解；在生活上，他的妻子凱薩琳患上了神經性疾病，他要在工作之餘盡心盡力的照料她。這兩件事，弄得他精疲力竭。妻子病後，麥克斯韋為了看護照料她，有時甚至於廢寢忘食。即使情況這麼糟，麥克斯韋還是沒有放棄他的演講、他的授課和他的實驗室工作。然而，人不是鐵打的，過度的焦慮和勞累，終於奪去了他的健康，人們注意到，麥克斯韋的臉色愈來愈壞，這位科學家正在漸漸消瘦。

「1879年的春天開始，麥克斯韋的健康狀況明顯的惡化，他的病因是腹部有腫瘤，與他母親所得的病一樣。他與病魔奮鬥半年以後，終於在11月5日不治去世，得年四十八歲。夫人凱薩琳於七年後逝世，兩人與麥克斯韋的父母為伴，同葬在蘇格蘭的格林瑞爾。」

聽到這兒，不但沈伯伯的聲音低沉了，連我們也都為麥克斯韋的英年早逝而難過。

19 麥克斯韋的身後

沈伯伯今天來的時候，一反他昨天沉重的心情，他說：「昨天我們講到麥克斯韋的逝世，今天就講講他去世以後，電磁學的發展情形，以及它對我們人類的重要性。」

沈伯伯接著說：「1873 年，麥克斯韋在《電磁通論》一書中，預言了電磁波的存在，但這一個預言一直未被當時的人接受，他們都想真正看到由實驗產生的電磁波，才能相信。但是，在很長一段時間裡，沒有人能做到這一點。由於沒有人發現電磁波，因此，支持他理論的人寥寥無幾，能否證實有電磁波的存在，成了檢驗麥克斯韋理論的關鍵。」

我和幾個同學聚精會神的聽著，真希望有人趕快把電磁波找出來！

這時，沈伯伯說：「在《電磁通論》問世的十幾年以後，德國一位科學家終於證明了電磁波的存在。

「這位科學家叫赫茲，1857年生於德國漢堡，二十歲那年，他離開漢堡來到柏林，在著名學者赫爾姆霍茨教授指導下，由一個在實驗室工作的技工，變成了一位研究學者，當上了赫爾姆霍茨的助手。他在1880年取得博士學位，1883年成為基爾大學的講師，並於1885年獲聘為卡斯魯大學的教授。」

一位同學問：「他是用做實驗的方法，證明電磁波的存在嗎？」

沈伯伯說：「是的，為了證實麥克斯韋預言的正確性，赫茲在讀了《電磁通論》這本書以後，在德國卡斯魯大學開始做實驗，想證明電磁波的存在。他的實驗設計基本上是：把兩塊金屬板相對排列，中間有空隙，把一個直流電源接在這兩塊金屬板上，一邊是正極，一邊是負極。在金屬板相對空隙的地方，各銲接上一個金屬小圓球，兩個小球位置相對，中間隔著一段空氣。當電源接通時，在兩個小圓球之間，就有火花產生。」

我聽到有火花產生，覺得很興奮，就問沈伯伯說：「為什麼會產生火花？」

沈伯伯說：「根據麥克斯韋的預言，在這種正電、負電相近的時候就會產生火花，跟天空中產生閃電的原理一樣，除了產生火花之外，也產生了電磁波。」

沈伯伯接著又說：「為了能證明這種裝置可以產生電磁波，赫茲在離這裝置不遠處（四公尺），設置了一個金屬環，金屬環中間留有空隙，在空隙的地方，同樣的各銲接上一個金屬小圓球。當第一組金屬板的電源接通，小球之間產生火花的時候，第二組金屬小圓球之間，同時也產生了火花。雖然是小小的火花，卻證明了第二組裝備，接收到了第一組產生的電磁波，證實了麥克斯韋的預言。

「赫茲又做了其他折射、反射的實驗，證明了電磁波的性質與光很像。赫茲不但證明了電磁波的存在，還把它的性質詳詳細細的研究出來，公諸於世。這是 1888 年的事，已是麥克斯韋去世後的九年。」

我為麥克斯韋感到欣慰，但想請沈伯伯幫我歸納一下，在麥克斯韋之前，有關電、磁方面的發現和研究。

沈伯伯說：「好！讓我們回顧一下科學發展的歷史長河。我們都讀到過，中國的黃帝曾經發現

了一股神祕的力量，能使得鐵針指向一定的方向，那就是發明指南車所依據的磁力。」

我舉手說：「黃帝利用指南車在大霧中指出方向，大敗蚩尤，對不對呢？」

沈伯伯說：「對的，還有在人類剛起源的時候，在距今幾萬年前，就發現摩擦會生電。

「其實『電』也是一股神祕的力量，但是一直到距離現在幾千年來，對於『磁』和『電』，都沒有任何研究進展，一直到二百五十年前，一些巨人出現了，像庫侖發現電荷和電力的關係，伏特發明了電池，安培發現了電流和磁場的關係，法拉第發現了電磁感應生電。站在這些巨人的肩膀上，麥克斯韋寫下了影響極大的『電磁祕笈』，這是一項破天荒的創舉，從此人類進入了電磁波應用的世界。」

一位同學問：「您所說的站在巨人的肩膀上，是什麼意思？」

沈伯伯回答說：「發現萬有引力的偉大科學家牛頓，曾經很謙虛的說過，他之所以能有如此重要的成就，是因為他站在巨人的肩膀上，意思是說，他先學習以前科學家們辛辛苦苦研究出來的成果，再接著研究下去，就像是站在巨人的肩膀上一樣，能夠站得更高、看得更遠。他把自己的成就，歸功於前人的成果，這是謙虛的表現。

「對電磁學來說，我們可以同樣舉出好幾位巨人，庫侖、伏特、安培、法拉第、麥克斯韋、赫茲和馬可尼，像疊羅漢似的，一個巨人站在另一個巨人的肩膀上，一代一代把知識傳遞下去。他們不但打開電磁學的祕密，還發揚光大。」

我聽得好興奮，舉手問道：

「電磁學的祕密打開以後，還有些什麼重要的發明？」

沈伯伯回答說：「在赫茲證實有電磁波存在之後，緊接著，在 1901 年，馬可尼用他發明的無線電報，從英國發出信息，可以不靠海底電線，成功的在空中橫跨大西洋到達北美洲。從此以後，電磁波的應用，更是突飛猛進，直到在我們今天的生活中，電磁波占了極重要的分量。所以我們才能夠享受現代化的方便，像電視、手機、微波爐等等，都得歸功於巨人們的努力。

「麥克斯韋除了在電磁學方面的貢獻以外，他同時也在天體物理學、氣體分子運動論、熱力學、統計物理學等方面，都有卓越的成績。正如量子論的創立者普朗克指出的：『麥克斯韋的光輝名字，將永遠鐫刻在經典物理學家的大門上，永放光芒。從出生地來說，他屬於愛丁堡；從學術研究的個性來說，他屬於劍橋大學；從成就來說，他則屬於全世界。』說他是介於牛頓到愛因斯坦之間，這段時間中最偉大的理論物理學家，一點也不誇張。」

＊微波爐

當電磁波傳播進入物質時，會與物質的分子產生作用，速度就減慢了，能量被吸收掉，吸收後變成熱能，物質的溫度因之增加。譬如說在微波爐中，盛食物的瓷碗、玻璃盤子，吸收電磁能量很少，電磁波可以通行無阻。但是許多食物，如粽子、米飯等吸收的電磁波較多，這就是用微波爐的原理。微波爐產生的電磁波，是 2450 百萬赫茲，有非常高的能量。以肉類為例，當電磁波進入一公分的深度後，63% 的能量被吸收了，還有 37% 的能量可以繼續深入到肉的內部去加熱。

換句話說，在用微波爐煮大塊肉時，肉的裡裡外外、四面八方都可以吸收電磁波，幾乎是內外一起很快的就熟了，而用一般爐子煮紅燒蹄膀，熱只是加在表面，熱量從外面慢慢傳入內部，因此裡面中間的肉，需要很長的時間才熟。

20 自然界的電磁波

我們最近一直聽沈伯伯講麥克斯韋的事蹟，已經許多天了，今天我問沈伯伯：「您是不是已經把麥克斯韋的生平和電磁學都講完了？怎麼還沒有說到，為什麼天是藍的？」

沈伯伯回答道：「為什麼天是藍的，這是一個大自然的現象，能用電磁學來解釋，你們現在已經聽過麥克斯韋方程組祕笈，有了足夠的基礎，是可以開始討論天是藍的問題，但在回答之前，讓我們先來講講自然界的電磁波吧。」

有人問沈伯伯：「自然界中有電磁波？我們不會看到、或者感覺到吧？」

沈伯伯回答道：「自然界中有很多電磁波，它們來自太陽或星星，這些電磁波範圍很廣，但我們只會看到一小部分，那就是可見光，至於微波、X光等等，我們就看不見、也感覺不到了。因為太陽距離我們最近，我們收到絕大部分的電磁波，都是來自太陽。現在讓我分成幾個步驟來講從太陽發射過來的電磁波，特別是可見光部分。

「第一步，先從太陽光的組成講起。直到兩百年以前，科學家還不知道太陽為什麼會發光。有人說是用煤燒出來的，有人說是由於太陽體積正在逐漸縮小，因而產生了能量。其實這些說法都是錯的，一直到了20世紀，科學家才對太陽有了正確的了解，那就是，太陽之所以能夠產生能量，是因為上面有『熱核子』反應。就好像在太陽上面，有很多很多的氫彈爆炸一樣，爆炸時產生極大極大的能量。」

有一位同學問：「太陽離地球這麼遠，那些能量怎麼能傳到地球來呢？」

沈伯伯回答道：「這些太陽能量，主要就是靠電磁波，從太陽發射到四周太空中去，有一部分就傳到了地球。」

另一位同學問：「太陽放射出的電磁波，是那一種呢？」

沈伯伯答道：「太陽放射出的電磁波，從最低頻率、到最高頻率都有。」

沈伯伯接著講下去：「頻率最高的是咖瑪射線，然後是 X 光，低頻率的有微波、短波、長波等等。電磁波中，只有一小段頻率的波動，人眼可以看得見，那就是『可見光』，人們把可見光分成：紅、橙、黃、綠、藍、靛、紫等七種顏色，其中以紫色光的頻率最高。比紫色光頻率高一點的光，便是人眼看不見的『紫外線』，英文是“ultra violet”，“ultra”的意思是『超高』；在可見光譜中，以紅色光的頻率最低，比紅色光的頻率低一點的光，人眼看不見，英文是“infra red”，稱『紅外線』。“infra”則是『低』的意思，也叫『紅內線』。比『紫外線』低的光，就是可見光譜中的光，所以沒有『紫內線』。」

我問沈伯伯說：「紫外線如果照的太多，對我們的皮膚和眼睛都有傷害吧？」

沈伯伯回答道：「沒錯！是會有傷害，因為太陽發射出來的電磁波，含有極大能量。幸虧在地球外面有大氣層保護我們，把對人體有害的電磁波，像X光、咖瑪射線等等吸收了，擋住了，才不會對人類、生物有殺傷力。」

沈伯伯接著又講：「當電磁波傳播到大氣層時，本來是以直線方向行走的，當它打到大氣中的水分子、或氮氣、氫氣、氧氣分子時，就會向四面放射出去，這個現象叫做『散射』。」

沈伯伯講得很起勁，看我們聽得一楞一楞，怕我們聽不懂，又把散射解釋了一下：「我們可以想像類似散射的現象：把一杯水倒到地上，水會濺到四面八方；或是把一個球放在水龍頭下面，水沖到球時，就會向四周散開；或者是海浪沖擊海邊的岩石，浪花一定向四周濺起。

「這些散射的現象，都可以用麥克斯韋方程組來計算，由計算結果所得到的數據顯示，任何『光』散射的強烈程度，跟它的電磁波頻率有關，頻率愈高散射得愈厲害，頻率低的散射得就比較少。」

一位同學說：「我知道，頻率就是每秒鐘來回振動的次數。」

沈伯伯說：「對的！用數字來

說，散射的程度與頻率的四次方成正比。組成太陽光的七種可見光中，藍、靛、紫色光的頻率，是紅、橙色光的頻率的1.5倍，1.5的四次方是5.1，換句話說，當白色的太陽光，碰到大氣中氮氣分子、氧氣分子、氬氣分子、小水點和微小的塵埃時，紫色光的散射程度要比紅色光的散射程度，大五倍以上。我們在地球上所能看到的，是太陽光射到大氣層，經過散射以後的光。」

他又接著說：「所以原本同樣數量的七種『可見光』，經過大氣層的散射以後，到達我們的眼

放大鏡

＊真空中傳播

電磁波載著能量，可以在真空中傳播，不需要藉用任何媒介，有什麼證據嗎？有的！最好的例子就是太陽。太陽發出的能量經過真空區，穿過大氣層，最後才到達地球，讓人類感受到陽光的溫暖。這一段旅程，極大部分在真空中走，所以能量能靠電磁波傳遞，不需要什麼媒介，是絕對正確的結論。電磁波在物質中傳播的速度，要以它的頻率和物質的分子結構來決定。

中，數量就不相等了。你們是不是可以解釋『為什麼天是藍的』了？如果還想不通，明天我再來講吧！」

所以天是藍的

沈伯伯今天到我們家來的時候，帶來一盒蛋糕，他說：「今天是我們的最後一堂課了，我要謝謝你們幾位好聽眾，給我最得當的回應，讓我的書寫得很順利。現在課講完了，這本書也差不多寫好了，我們該來慶祝一下。謝謝大家！」

我沉不住氣，對沈伯伯說：「您還沒有講，為什麼天是藍的呢？」

沈伯伯說：「這就是我們今天的講題！」

接著他又講：「為什麼天是藍色的？可以用麥克斯韋電磁祕笈解釋。因為太陽光射到大氣層，產生散射。我們昨天講到，在七種可見光中，藍、紫色光的散射程度要比紅色光大上五倍。所以

我們所能看到散射的光，主要是紫色和藍色的光，但我們的眼睛對紫色不敏感，所以我們看到的大部分是藍光，再加上一點其他的紅、橙、黃、綠，混合在一起就成了天藍色。這也就是說天空的顏色不是純藍色。」

一位同學問：「日出或日落的時候，為什麼太陽看起來是紅色的呢？」

沈伯伯說：「在日出、日落時的太陽是紅色的，我們可以用同樣的理由來解釋。日出或日落的時候，太陽從地平線一路直射過來，比日正當中的時候，穿過大氣層要走的途徑長得多。在這麼長距離的旅程中，所有的藍紫光都快被散射完了，但是紅色光散射得比較少，所以我們看到的是紅光。這就是為什麼，朝陽東升和夕陽西下時，天上是一片帶橘色的紅太陽光，產生了絢麗的彩霞的原因。」

另一位同學問：「天上的彩虹是怎麼來的？是不是可以用同樣的理由來解釋？」

沈伯伯回答說：「是的，當我們看到彩虹的時候，就表示在彩虹那邊還在下雨，天空有水珠；當太陽光射進水珠的時候，方向會改變，這個現象叫『折射』。折射以後，光到水珠背面就產生反射，然後穿出水珠到大氣層的時候，會再經過一次折射，就好像太陽光在水珠裡轉了一個圈，打了一個轉。光折射的角度，跟光的頻率有關，從紫光到紅光折射的角度都不一樣，所以在水珠裡轉了圈出來時，這七種不同頻率的光，以不同的角度，從水珠折射出來，就分散開成了七種顏色，這就是我們在下雨後，在天邊看到美麗的虹。」

我對沈伯伯說：「我聽說除了

虹以外，還有霓，霓是什麼啊？」

沈伯伯接著講：「『虹』的形成是當光線進入水珠，經過一次折射、一次反射、再一次折射分散的光。還有一種情況是光線進入水珠，經過折射、反射一次、再反射第二次，然後經過再一次的折射，才從水珠出來，這些光線在虹的外圍出現，形成較淡的七種顏色，這就是『霓』。霓的顏色與虹的顏色相對稱，但霓的顏色較淡，是因為它多了一次反射。每一次光的反射，都不是百分之百，所以在反射兩次之後，光就變得更淡更弱了。」

沈伯伯停了一下，然後說：「好了！現在故事全部講完了！」

大家全部起立，熱烈鼓掌，這時候媽媽剛好從廚房出來，拿著切好的蛋糕分給每人一塊。

我說：「我代表同學們謝謝沈伯伯，如此詳細的向我們介紹麥克斯韋的生平，我們才知道有這麼一位偉大的科學家，對人類有如此深遠的影響。在這段時間，我們除了聽故事、吃好菜以外，還去遠足，今天又有蛋糕吃，真是愉快，希望沈伯伯寫的書能夠快點出版，我們就能再把麥克斯韋的一生溫習一遍，也可以介紹給別的同學看。」

這個別開生面的演講系列，就在高高興興的氣氛中，圓滿的結束了。

麥克斯韋

1831 年　11 月 13 日，出生於英國的蘇格蘭。

1839 年　母親過世，享年四十八歲。

1841 年　到愛丁堡中學上學。

1846 年　發表橢圓和卵形曲線繪製的方法。

1847 年　進入愛丁堡大學。

1850 年　進劍橋大學的三一學院，擔任研究員的職務。

1854 年　從劍橋大學畢業，開始電磁學研究

1855 年　發表〈論法拉第力線〉。

1856 年　父親過世，享年六十六歲。

1857 年　應聘為亞伯丁馬里斯查爾學院物理系教授。同年，發表有關土星光環的論文，得到「亞當斯」獎。

1858 年　與凱薩琳・杜瓦結婚。

1861 年　製造出世界第一張彩色相片。

1871 年　受聘為劍橋大學實驗物理教授。

1873 年　出版《電磁通論》一書。

1874 年　成立劍橋大學卡文迪許實驗室，並擔任主任。

1879 年　11 月 5 日去世，得年四十八歲。

國家圖書館出版品預行編目資料

為什麼天是藍的?: 麥克斯韋 / 沈良璣,劉緯著;李詩鵬繪.——初版二刷.——臺北市: 三民, 2010
面; 公分.——(兒童文學叢書 / 世紀人物100)

ISBN 978-957-14-4774-2 (平裝)

1. 麥克斯韋(Maxwell,James Clerk, 1831-1879)—傳記—通俗作品

784.18 96010001

著作人	沈良璣 劉緯
主編	簡宛
繪者	李詩鵬
責任編輯	李玉霜
美術設計	陳健茹
發行人	劉振強
著作財產權人	三民書局股份有限公司
發行所	三民書局股份有限公司
	地址 臺北市復興北路386號
	電話 (02)25006600
	郵撥帳號 0009998-5
門市部	(復北店) 臺北市復興北路386號
	(重南店) 臺北市重慶南路一段61號
出版日期	初版一刷 2007年8月
	初版二刷 2010年1月
編號	S 781980

行政院新聞局登記證局版臺業字第〇二〇〇號

ISBN 978-957-14-4774-2 (平裝)

http://www.sanmin.com.tw 三民網路書店